サクッと書けてネイティブっぽい

インスタ英語日記

著 maho

Hello!

独学で英語を習得したmahoです！

学生の頃、私は経済的な事情で長期留学にも行けず、英会話スクールにも通えませんでした。
正直、留学先で英語漬けの生活を送って、英語を話せるようになる人が羨ましかったです。
けれど、当時からなぜか超負けず嫌いだった私は、「留学に行けなくても、お金がなくても、留学に行った人たちよりも絶対に話せるようになってみせる！」と猛勉強をし、その結果、独学で英語を習得することができました。

私は2019年からインスタグラムで日々、独学で英語を習得するための方法をシェアしています。
この本では、会話力とライティング力の両方をアップできるオススメの勉強法をシェアしたいと思います。

それはズバリ、インスタグラムに英語日記を投稿することです！

ここで、みなさんに問題です。
次の5つの質問に、英語で答えてみてください。
この場で声に出して、できるだけ長い文章で答えてみてください。

1 How have you been doing lately?
（さいきん、どう？）

2 What do you enjoy doing?
（何をするのが好き？）

3 Did you do anything fun last weekend?
（先週末は何か楽しいことした？）

4 What's something that has impressed you recently?
（さいきん、感動したことは？）

5 What do you recommend?　Anything works.
（何でもいいから、あなたのオススメを教えて？）

どうでしたか？
単語だけで答えてしまったり、1文だけで終わってしまったりしませんでしたか？
それぞれ、3〜5文くらいで答えられたら合格ラインです。
合格ラインに到達できなかったからといって、落ち込まないでください。
実は、これらの質問に答えられるかどうかは、単に英語力の問題じゃないんです。

5つの質問はすべて、あなたの身のまわりのことを尋ねていました。
日本語でも、自分自身や身のまわりのことをしっかり言語化できないと、話が広がりませんよね。
英語でも同じことです。

自分は何をするのが好きで、何にハマっているか。
きょうは何をして、どう感じたか。
先週末はどんな休日を過ごしたか。
さいきん、どんな言葉が心に響いたか、などなど。

このように、ふだんから自分の身のまわりにある日常生活と向き合うことが大切なんです。
そうじゃないと、たとえ英語が話せる人でも言葉に詰まり、話が広がりません。
英語が話せても、話が広がらない英会話って、面白くないですよね……。

それでは、どうやって日常生活と向き合い、会話力を身につけるか。
そのためにオススメしたいのが、英語日記なんです。

英語日記を書くことで毎日、日常生活を振り返ることができます。
感じたことや気になったことを書き出せば、自分自身と向き合えます。
これにより、会話をするときもスラスラと楽しく答えられるようになります。

「英語日記」と聞くと、「ハードルが高くて続かなさそう……」とも思うかもしれません。
そんな人にこそオススメしたいのが、インスタ英語日記です!

毎日を忙しく暮らしている私たちにとって、時間をつくって、ノートを用意して、机に座って、ペンを握って日記を書くことはなかなか難しいですよね。
でも、どんなに忙しい日でもかならずスマホを触って、インスタグラムをチェックしていませんか?

この本では、できるだけハードルを下げ、気軽に日記を書き続けることを重視します。
インスタグラムに(できるだけ)毎日、3行分の短い英語日記を書くこと。
それが、この本の1つ目のゴールです。

インスタグラムに英語日記を投稿するときに、1つだけ注意してほしいことがあります。
みなさん、英語日記を書くときに、次のような文章になっていませんか?

I couldn't sleep well last night, but I worked from 7:00 to 20:00 today.
I had 3 meetings today and I am so tired now.
But my boss praised me for my presentation after the meeting so I was relieved.

きのう全然眠れなかったけど、きょうは7時から20時まで働いた。
きょうは会議が3つもあって、すごく疲れてる。
でも、会議のあとで上司がプレゼンを褒めてくれたからホッとした。

この英文は、中学高校と英語を勉強してきた日本人が書く日記をイメージした
ものです。
もちろん言いたいことは伝わりますし、大きな間違いなどはありません。
でも、なんというか……すごく平凡な教科書英語って感じがしませんか？

同じ内容の日記でも、たとえばネイティブ・スピーカーがSNSに書くとしたら、
こうなります。

> UGH couldn't get enough sleep last night BUT I had 13
> hours of work and 3 meetings (ikr) I'm DONE!
> Well at least my boss liked my presentation … yeah, what
> a relief, huh?

どうですか？
最初の英語日記よりずっとナチュラルでカッコよくありませんか？
この本では、このような"こなれ感"のある英語日記を書くことを、もう1つ
のゴールにしています。

学校で習った英語とは違いすぎて、驚いた人もいるかもしれません。
でも実は、ほんのすこしの工夫で、誰でもこんな英文が書けるようになるんです。

この本では、ネイティブっぽい英語日記を書くために必要な表現やフレーズ、
とっておきのコツなどをまとめました。
最後まで読んでもらえれば、みなさんも遊び心のあるこなれた英語日記が書け
るようになります。

毎日すこしずつでも大丈夫。
みんなで脱・教科書英語を目指して、きょうからインスタ英語日記をはじめま
しょう。

maho

HOW TO USE
本書の使い方

この本は、全部で4つの章から構成されています。
まずは基本的なことからすこしずつ、着実に歩みを進めましょう。
最後まで読み終えたあなたはきっと、
こなれた英語日記を投稿できるようになるはずです!

CHAPTER
1

この章では、

動詞

にフォーカスします。
英語日記を書くときに役立つ
do / be / get / have
make / go / take
7つの超最強!動詞の使い方を
マスターしましょう。

CHAPTER
2

この章では、

こなれた
英文の書き方

にフォーカスします。
すぐに使えて便利な
ネイティブっぽい英文のコツや
インスタグラムに関連した
英語表現をチェックしましょう。

CHAPTER

3

この章では、

場面別フレーズ

にフォーカスします。
「買い物」「旅行」など場面ごとに、
日記で使える例文をまとめました。
そのまま引用したり、
単語を入れ替えたりして
使ってみましょう。

CHAPTER

4

この章では、

日記投稿の
プロセス

にフォーカスします。
投稿例を参考にして、
自分で日記を書く準備を
進めましょう。
困ったときに役立つフレーズも
シェアしています。

CONTENTS

Go for it!
（がんばろう）

どんなときでも役に立つ

超最強！動詞

英文を書くときに大切なのが動詞！
難しい動詞を使わなくても、
do / be / get / have / make / go / take
この7つの動詞で大体のことが書けちゃうよ♪

do

do - did - done
現在形　過去形　過去分詞形

「〜をする」という意味の動詞 do。うしろに名詞などを置くだけで、
日常生活のなかのさまざまな行動を表現できちゃう、超便利な動詞です。
まずは基本的な使い方をおさえてから、次に否定や強調といった
少しだけ特別な使い方に進みましょう。

do my work

仕事をする

do some shopping

買い物をする

do my makeup

メイクをする

do lunch

ランチをする

do（〜をする）

I did some shopping in Shibuya today!😎

きょうは渋谷で買い物したよ！

 いちばん基本的な do の意味が「〜をする」。
例文のようにうしろに some shopping（買い物）を置くだけで、
「買い物をする」という意味になります。

done（〜し終わった）

I'm done working today🍻

きょうは仕事終わり。

〈be 動詞＋done〉のうしろに動詞の -ing 形をつづけると、
「〜し終わった」という意味のカジュアルな表現になるよ。
しなきゃいけないことが終わったときに使うイメージで♪

do（本当に〜、実際に〜）

I **do** like cats, but I am allergic to them😭

猫は本当に好きだけど、猫アレルギーなんだよね。

こんなふうに動詞の前に do を置けば、「本当に〜」と強調できるよ。
この do は助動詞だから、うしろの動詞は原形のままで OK！

don't (〜しない)

I don't eat spicy food 😑

辛いものは食べないよ。

 動詞の前に don't を置けば、「〜しない」と否定することができるよ。
三人称単数現在なら doesn't を、
過去の話なら didn't を使うことも一緒に覚えておこう！

I do marketing😎

私はマーケティングの仕事をしています。

仕事としてやっていることを伝えるときにも do が使えるよ。He does engineering.
（彼はエンジニアの仕事をしている）、I do editing.（編集をやってます）とかね♪

How are y'all doing?🥰

みんな調子はどう?

投稿の最初に置くだけで、読み手とコミュニケーションが生まれるよ♪
y'all は you all の略で、使ってみるとこなれ感アップ!

Will 3,000 yen do?

3,000 円で足りるかな?

友だちと割り勘するときに使える表現。この do は「十分だ、足りる」という意味で、
ほかにも Anything will do.（なんでもいいよ）のように使えるよ!

I did it!🎉

やった!

直訳すると「それをやった」、つまり「やった!」と喜びたいときに使えるよ♪
なにかを達成したときに使ってみてね。

I'll do my best!

頑張ってくるよ!

直訳すると「私のベストをする、ベストを尽くす」、つまり「頑張るよ!」という意味。

I did 30 sit-ups yesterday🦌

きのう、腹筋 30 回こなしたよ。

do のうしろに回数とトレーニング内容を置くと、「こなす」とも訳せるよ。
I did a 10 km run.（10 キロランをこなした）みたいに、距離を置いても OK !

まずは この動詞だけ
おさえよう!!

be

am / are / is – was / were – been

現在形　　　　　過去形　　　　　過去分詞形

いちばん最初に学校で習ったよね!
主語のうしろに置いて、「〜である」と様子を表したり、
「〜にいる」と場所を伝えたりするときに使えるよ。

be a student

学生である

be happy

幸せである

be at home

家にいる

be on a bus

バスに乗っている

CHAPTER.1

>>> どんなときでも役に立つ　超最強!動詞

be（～である）

The film was awesome!

映画めっちゃよかった！

 「～は…である」のように様子を伝えたいときには、この be の出番！
主語や時制によって形が変わることに注意しよう。

be（〜にいる、〜にある）

I'm in Sapporo now 😉

いま札幌にいるよ。

be 動詞のうしろに場所の表現を置けば、「〜にいる、〜にある」と
場所を伝えることができます。主語は人でも物でも OK！

be doing (〜している)

I'm studying **English** 😋

私は英語を勉強しています。

〈be 動詞+-ing〉の形で、「〜している」と進行中の動作を表します。
I'm leaving soon.（そろそろ出るよ）のように、近い未来の予定を
表すこともあるよ♪

be done（～される）

The concert will be held next month 😎

来月、そのコンサートがあるよ。

〈be 動詞＋done〉の形で、「～される」という受け身の意味になるよ。
be 動詞のところは、主語が単数か複数か、
現在の話か過去の話かなどによって違ってくるので注意しよう。

I'm off today😎

今日はお休み。

 be off で「休み」の意味。日本語でも「今日はオフ」みたいに使うよね♪

I was up till late last night😵‍💫

きのうの夜は遅くまで起きてた。

 be up で「起きている」という状態を表すよ。
I stayed up till late last night. としても OK！

I'm in😃

行く〜。／やるやる〜。

 誘いに乗って前向きな返事をするときに。
反対に誘いに乗らない場合は、I'm out.（わたしはやらない）を使おう。
out は「この件からはアウト」、つまり「やらない」の意味。

I'm into a Netflix series😎

とあるネットフリックスのシリーズドラマにハマってる。

 be into で「〜にハマっている」の意味。
into は「なにかに深く入り込んで抜け出せない」イメージで覚えておこう。

We're supposed to study for the exams today😑

きょうはテスト勉強する予定。

 be supposed to do は「〜する予定だ」の意味。
to のうしろには動詞の原形を置こう。

There is a new restaurant near my apartment😋

うちの近くに新しいレストランがある。

 物や人の場所を伝えるときは、There is[are] 〜 . を使おう。
うしろに単数形の名詞がつづく場合は There is 〜 . の形に、
複数形の名詞がつづく場合は There are 〜 . の形になるよ♪

まずはこの動詞だけ
おさえよう!!

get

get - got - got[gotten]
現在形　過去形　　過去分詞形

なにかを「手に入れる」ときに使える動詞が get。
具体的な物を手に入れるときだけじゃなく、
「感情」や「状態」を手に入れたときは「〜になる」とも訳せるし、
「情報」を手に入れたときには「理解する」とも訳せるよ!

get a new bag
新しいバッグを手に入れる

get a mail
手紙を受け取る

get engaged
婚約する

get excited
ワクワクする

CHAPTER 1

>>> どんなときでも役に立つ　超最強!動詞

get (〜を手に入れる)

Yay! I got a new iPhone today!😍

やった！　きょう新しい iPhone 買った！

「買う」でも、「もらう」でも、とにかく「手に入れる」というイメージが
あれば get が使えるよ♪　get のうしろに手に入れた物を置こう。

get（〜な感情になる）

I got super excited at the party 😆 🎉

パーティで超テンション上がった。

感情を「手に入れる」、つまり「〜な感情になる」という意味の get！
「感情を手に入れた」＝「その感情になった」というイメージで、
うしろに感情を表す形容詞をつづけよう。

get （～という状態になる）

I got engaged! 🤩 💙

婚約しました！

get は「～という状態になる」という意味でも使えるよ！
この get は「婚約した状態を手に入れる」、つまり「婚約する」という意味。
I got fired.（クビになった）のように、悪い状態を表すこともできるよ♪

get（〜してもらう、させる）

I got my nails done! 😌

ネイルしてもらった！

 〈get＋物＋done〉の形で、してもらったことを表せるよ！
物のうしろには、その状態を表す動詞の過去分詞形をつづけよう。

Let's get started!

さあ始めよう!

get started で「開始された状態になる」、つまり「始める」の意味。
「～しよう」という意味の Let's も覚えておこう!

We're getting along 😊

仲よくやってるよ。

get along で「仲よくする」の意味。
仲がいい相手を伝えたいときには、〈get along with＋人〉の形を使おう♪

I just got to the station! 👍

いま駅ついた!

get to で「～に到着する」の意味。
here（ここ）や there（あそこ）がつづくときは、to がいらないよ。

I couldn't get up at 5 a.m. 😭

5 時に起きれなかった。

get up で「（ベッドから）起き上がる」。
目は覚めたけどまだベッドの中にいるときは wake up を使おう♪

I got on the bus in Ueno and got off in Nezu.

上野からバスに乗って、根津で降りた。

get on で「～に乗る」、get off で「～から降りる」の意味。
on と off で反対の意味になるイメージ♪

I finally got to have a break 😌

やっと休めた。

get to do は「～できるようになる」という意味。
うしろに動詞の原形を置くだけで、can（～できる）と同じように使えるよ!

まずはこの動詞だけ
おさえよう!!

have

have - had - had
現在形　　過去形　過去分詞形

なにかを「持っている」ときに使えるのが have。
「経験」のようにはっきりした形がないものでも、
自分が「持っている」ものであれば have が使えちゃうよ！

have **five thousand yen**

5,000 円を持っている

have **a dog**

犬を飼っている

have **a lesson**

授業がある

have **an idea**

アイデアがある

have
（〜を持っている、〜がある）

I have good news! 😍

いいニュースがあるよ!

 はっきりした形がなくても、「持っている」は have で表そう!
「自分のものになっていて自由に使える」イメージ。

have（〜を食べる、飲む）

We had burgers for lunch! 😋

ランチにみんなでハンバーガー食べたよ！

 「食べる」には eat を、「飲む」には drink を使いたくなるかもだけど、ネイティブスピーカーは「食べる」「飲む」どちらの場合も have を使うことが多いよ♪

have been to
（〜に行ったことがある）

I've been to **Hiroshima** twice. 😎

広島には 2 回行ったことがあるんだ。

経験を「持っている」イメージから、経験を表すこともできる have。
〈have been to ＋場所〉の形で、「〜に行ったことがある」という意味
になるよ。

have to (〜しなければならない)

I have to **catch the last train** 😫

終電に乗らなきゃ。

have to のうしろに動詞の原形を置けば、「〜しなければならない」の
意味で使えるよ！ must や should にも同じような意味があるけど、
must ＞ have to ＞ should の順に義務感が強い感じ。

We had fun at the party last night 😋

きのうの夜のパーティ、楽しかった。

fun は「楽しみ」だから have fun で「楽しみを持つ」、つまり「楽しむ」の意味。

I had a blast! 🔥

マジで最高だった！

blast はもともと「突風、爆発」という意味。ここでは「爆発するくらい楽しかった」という意味で、ネイティブが会話でよく使う表現だよ！

I have no idea 😫 / I have no clue 😩

全然わからん。

「アイデア（ヒント）を持ってない」、つまり「まったくわからない」という意味。

I've finished this book 👍

この本読み終わった。

〈have done〉の形で、動作の完了を表すよ！
なにかを終わらせたときに使ってみよう♪

She's been studying English for 10 years.

彼女は 10 年間英語を勉強しているよ。

〈have been -ing〉の形で、「ずっと〜している」という動作の継続を表すよ。
for は時間の幅を表す前置詞。

I had my mother pick me up.

お母さんに車で迎えにきてもらった。

〈have＋人＋動詞の原形〉で、「〜してもらう」の意味になるよ。

make

make - made - made

現在形　　　過去形　　　過去分詞形

make は「〜を作る」という意味の動詞。
なにか具体的なものを「作る」ほかにも、予約や計画、
状態のように目に見えないものを「作る」ときにも使えます。

make a doghouse

犬小屋を作る

make tea

紅茶を入れる

make money

お金をかせぐ

make her angry

彼女を怒らせる

make (〜を作る)

I made omu-rice for dinner 😊

夕食にオムライスを作った。

 「料理をする」と聞くと cook を使いたくなるけど、
例文のように特定の料理を作るときは make がベター♪

make（人を〜な感情にさせる）

Her Instagram posts always make me happy 😍

彼女のインスタの投稿はいつも私を幸せにしてくれる。

感情や状態のように、形がないものを「作る」ときにも使える make。
例文は「幸せな感情にさせる」、つまり「幸せにする」と訳そう。

make（人に〜させる）

My boss made me work overtime ... 😪

上司に残業させられた……。

〈make＋人＋動詞の原形〉の形で、「人に〜させる」という使役の意味。
have や get にも使役の意味があるけど、
make のほうが強制力が強いイメージ。

make（間に合う、やり遂げる）

I made it to the movie 😎

映画に間に合った。

make it は「間に合う、やり遂げる」という意味の熟語。
make it to で「〜に間に合う」という意味になるよ。
イベントや時間に「間に合った」ときや「行けた」ときに、使ってみよう！

I need to make a phone call.

電話かけなきゃ。

「電話をかける」は make a phone call、
またはもっとシンプルに make a call でも OK。

I made a trip to Taipei!

台北に旅行した！

make a trip で「旅行をする」の意味。
行き先を表すときには、うしろに〈to＋場所〉を付け足そう。

I'm gonna make an effort!!

努力するよ!!

effort は「努力」だから、make an effort で「努力する」という意味になるよ。
なにか目標に向かって決意表明するときに使ってみてね♪

I made up my mind.

わたし、決めた。

make up にはいろいろな意味があるけど、ここでは「作り上げる」のニュアンス。
mind は「心」だから、make up my mind で「決心する」という意味になるよ。

Did you make up with him?

彼と仲直りした？

この make up は、「仲直りをする」という意味。
うしろに〈with＋人〉を付け足せば、仲直りの相手を伝えられるよ。

Please make sure to lock the door

必ずドアをロックしてね。

make sure to do は「必ず〜する」の意味。
うしろに動詞の原形を置けば、注意を促したいときなどに使えるよ。

まずはこの動詞だけ
おさえよう!!

go

go - went - gone
現在形　過去形　過去分詞形

「行く」という意味で、場所の移り変わりを表す go。
ほかにも、状態が変化して「〜になる」という意味や、
物事や時間が「進んでいく」様子を表すこともできます。

go to work
会社に行く

go home
帰宅する

go camping
キャンプに行く

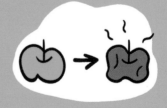

go bad
悪くなる

go (行く)

I'll go to Okinawa next summer! 🥹

次の夏は沖縄に行くんだ！

go のうしろに〈to＋場所〉を置けば、「～に行く」という意味になるよ。
go skiing「スキーに行く」や go hiking「ハイキングに行く」などの
表現と一緒に覚えておこう！

go（〜になる）

All my work went **well today** 😎

きょうは仕事がぜんぶうまくいった。

 go のうしろに状態を表す形容詞や副詞を置いて、
「〜になる」という意味になることがあります。
例文は「いい状態になる」、つまり「うまくいく」の意味だよ♪

go（進む）

How's your morning going? 😋

今朝はどう過ごしてる?

go は「物事が前に進んでいる様子」を表すこともできます。
例文は「朝はどう進んでる?」、つまり「どんな朝を過ごしてる?」の意味。
インスタ投稿に加えるだけで、フォロワーからコメントがもらえるかも?

go（過ぎる）

♥ ○ ▷   𝄂

Time went by really fast!! 😫

時間過ぎるのマジ早かった!!

この go は「過ぎる」という意味。時間の経過以外にも使えるから、
go by「〜を通り過ぎる」などの表現と一緒に覚えておこう。

Do you often go out with him?

彼とはよくデートするの？

go out はふつう「出かける」という意味だけど、
例文のように「デートする」という意味でもよく使われるよ！

This color will go with that shirt

この色ならそのシャツに合いそう。

A go with B の形で「A は B と合う」という意味。
洋服の組み合わせなど、ファッションについて語るときに活躍するよ♪

The meeting went on for hours

会議は何時間もつづいた。

go on で「つづく」の意味。
「何時間もつづいた」と言いたいときには例文のように for hours を付けるか、
go on and on「延々とつづく」を使ってウンザリ感を出してみよう。

My stomachache is gone

腹痛なくなった！

be gone で「行ってしまった」、つまり「なくなった、消えた」という意味になるよ。
I'm gone.「さよなら」の表現と一緒に覚えておこう♪

Let's go grab something to eat

なんか食べもの買いに行こうよ

grab は「サクッと食べる」という意味の動詞。
例文のように〈go+動詞の原形〉の形で、「〜しに行く」という表現ができるよ。
Let's go and grab ... と置き換えても OK。

This is my go-to café

これがわたしのいつものカフェ

この go-to は形容詞で、「いつもの、行きつけの」という意味。
She is my go-to person. といえば、「彼女は頼りになる人」という意味に♪

take

take - took - taken
現在形　　過去形　　過去分詞形

take は身のまわりにあるものを自分に「取り込む」イメージの動詞です。
物を取り込んでからどこかに移動すれば「持っていく」、
人を取り込めば「連れていく」という意味になります。

take a break
休憩を取る

take photos
写真を撮る

take an umbrella
傘を持っていく

take him to the station
彼を駅に連れていく

take（行動を取る）

I took a break😎

休憩を取った。

take のうしろに名詞を置けば、さまざまな行動を表すことができるよ。
take a break なら「休憩する」、
take a shower なら「シャワーを浴びる」みたいにね♪

take（～を持っていく）

I forgot to take my umbrella with me 😄

傘持っていくの忘れた。

〈take＋物＋with＋人〉の形で、「～を持っていく」という意味。
持っていく先を伝えたいときには、〈to＋場所〉を付け足そう！

take（〜を連れていく）

He took me to the campsite 😊

彼がキャンプ場に連れてってくれた。

〈take＋人＋to＋場所〉の形で、「〜を…に連れていく」という意味。
相手の手を取って目的地まで引っ張っていくようなイメージで覚えよう！

take（時間がかかる）

It takes 30 min to get to work 😑

職場まで 30 分かかる。

〈It takes＋時間〉の形で、「時間がかかる」という意味。
うしろに〈to＋動詞の原形〉をつづければ、「〜するのに時間がかかる」
ともいえるよ！　min は minutes の略です。

Take a look at my new shoes! 😍

おニューの靴みて!

take a look at で「〜を見る」の意味。
なにかを自慢するときに使ってみてね♪

I take supplements every morning.

毎朝サプリ飲んでる。

この take は「摂取する」、つまり「飲む」という意味。
take some medicine のように、薬にも使えるよ!

I can't take it anymore! 😠

もう耐えられない!

この take は「〜に耐える」という意味。
仕事のグチを吐き出したいときに使えるかも?

My host family took care of me a lot.

ホストファミリーがよく面倒見てくれた。

take care of は「〜の面倒を見る」という意味。
日本語でも「ケアする」っていうよね。

I took my friends out for dinner! 😌

友だちをディナーにつれてった!

〈take+人+out〉で「〜を連れ出す」の意味。
連れ出す目的や行き先を付け足したいときは for と一緒に♪

I took some photos while in LA. 😉

ロサンゼルス滞在中に写真撮ったよ。

「写真を撮る」もこんなふうに take を使って表せちゃいます。
while in LA は「ロサンゼルスにいるあいだ」ということ。

英語日記をゆたかにする 54の動詞

feel	think / guess	wonder
〜を感じる	〜だと思う、考える	〜かと思う

watch	see	watch は意識して「見る」、see は意識せず「見える」イメージ
〜を見る	〜を見る、〜に会う	

look	find	know
見る	〜を見つける、わかる	〜を知っている

listen	hear	listen は意識して「聞く」、hear は意識せず「聞こえてくる」イメージ
聞く	〜を聞く	

run	walk	work
走る	歩く	働く、うまくいく

say	talk / chat	chat はよりカジュアルな話をするイメージ
言う	話す	

sit	stand	come
座る	立つ	来る

study	learn	study は知識やスキルを習得するための過程に、learn は習得した結果に重点
〜を勉強する	〜を学ぶ	

start	stop	finish
〜を始める	〜を止める、止まる	〜を終える、終わる

play	enjoy	sleep
～をする、遊ぶ	～を楽しむ	眠る
eat	drink	drink だけで「お酒を飲む」という意味にもなるよ
～を食べる	～を飲む	
cook	taste	read
～を料理する	～を味わう	～を読む
sell	buy	spend
～を売る	～を買う	～を費やす、過ごす
give	recommend	try
～をあげる	～をおすすめする	～をやってみる
support	keep	put
～を支える、応援する	～を保つ	～を置く
meet	pass	hit
～に出会う	～を通り過ぎる、手渡す	～とぶつかる、当たる
cry	laugh / smile	laugh は声に出して笑う、smile は声に出さず笑うイメージ
泣く、叫ぶ	笑う	
wear	need	want
～を着る	～を必要とする	～がほしい
fall	hope / wish	hope は叶いそうなことを、wish は叶いそうにないことを願うイメージ
落ちる	～を願う、望む	

You can make it!
（キミならできる）

すこしの工夫で"こなれ感"アップ

インスタ英語のコツ

この章では、ネイティブっぽい英文を書く秘訣を教えていくよ！
簡単にできるのに、こなれた英語がすぐ書けるようになるから
ひとつずつしっかり学んでね。

"こなれ感"を出すコツ ❶

主語を省略する

インスタをはじめ、SNSやネットに投稿することって大体が自分のことだよね。
誰の話をしているかが明らかな場合には、主語を省略することができます。

たとえば日本語でも「お腹すいた」という投稿を見たら、「ああ、この投稿をした
人は空腹なんだな」と、すぐに頭のなかで主語を補えるのと同じこと！

自分のことじゃなくても、写真などから誰のことを話しているか、何について語っ
ているかが明らかな場合は、主語を省略できるから試してみて♪

例1 妹と買い物行った。

➔ Went shopping with my sister 😎

💬 Went の前には主語の I が省略されています。

例2 さいきん、シーシャにどはまりしてる。

➔ Been obsessed with hookah lately 😎

💬 Been の前には I have が省略されています。

例3 ここ、最後に来てから結構たつなあ（ここ、ひさしぶりに来た）。

➔ Been a while since I came here last time 🥺

💬 Been の前に省略されているのは It has です。
この例文のように、主語が明らかな場合は I 以外も省略することができます。

例4 めっちゃよかった！

➔ Was so awesome! 😎

💬 たとえば映画のポスターや半券の写真と一緒に投稿すると、
「映画、めっちゃよかった!」という意味になります。

"こなれ感"を出すコツ ❷
大文字で強調する

ネイティブのインスタ投稿で、特定の単語だけが大文字になっているのを見たことはありませんか？　大文字になっていると、自然とその単語に注目が集まるよね。実はこれ、単語の意味を強調できるという効果があるんです。

目立たせたい単語を大文字にすればメリハリがつくし、見た目で読み手を楽しませることもできるよ♪

例1　ここのコーヒー、めっちゃ美味しい。

→ Their coffee is the BEST ☕

> 「最高の」という意味の best を大文字にすることで、さらに美味しさを強調！

例2　アリアナ・グランデの新曲、よすぎる！

→ Ariana Grande's new song is SO AWESOME! ✨

> awesome「すごい」を大文字に、さらに so「とても」をつけて新曲のよさを強調！

例3　夏が待ち遠しい !!

→ I just CAN'T WAIT for the summer!! 👏

> 動詞の部分を大文字にして「待ちきれない」気持ちを強調！

"こなれ感"を出すコツ ❸

スペルを書き換える

日本語でも「彼氏」のことを「かれぴ」っていってみたり、「とりあえず」を「とりま」っていってみたりするよね。英語でも同じように、単語のスペルを書き換えたり省略したりすることがあります。

辞書に載っているスペルをあえて崩してみることで、仲間内でちょっぴりふざけた感じや打ち解けた感じを出すことができるよ♪

例1 明日は女子会。

→ **Having a** gurlz nite tmrw 🐻 🥂

💬 もともとは We're having a girls' night tomorrow. という文。
複数形の -s は -z で書き換えよう。

例2 ママの料理は世界最高。

→ **Mom makes** DA BEST **food in the world** 🍽

💬 もともとは My mother cooks the best food in the world. という文。
DA BEST と大文字にすることで、「最高」をさらに強調!

例3 よくやった!

→ Das ma boi! 👏

💬 もともとは That's my boy! という文で、子どもに限らず男性をほめるときの表現。
女性のときは girl → gurl で♪

例4 もう好きすぎてヤバい!

→ **So obsessed** w em **already!** 🦄 😂

💬 もともとは So obsessed with them already! という文。
with を w に、them を em に書き換えてカジュアルに見せているよ♪

w	with	〜と一緒に
da	the	その
dat	that	あの
dem / em	them	それら
gurl / gal	girl	女の子
boi	boy	男の子
ma / mi	my	私の
bc / cuz	because	〜だから
lil	little	すこし
plz	please	お願いだから
n	and	〜と
r	are	〜である
u	you	あなた
k	OK	オッケー
sry	sorry	ごめん

y	why	どうして
proly	probably	たぶん
mayb	maybe	もしかしたら
U2	you too	あなたもね
im	I'm	私は〜
gunna	gonna	〜するつもり
ppl	people	人びと
dunno	I don't know	わからない
txt	text	テキストする
msg	message	メッセージする
srsly	seriously	マジで
-z	-s	（複数形）
	boys → boyz のように、複数形の -s を -z にしてみよう	
-x	-cs / -ks / -cks	（[ks] の音）
	pics → pix のように、[ks] の音を -x で書き換えてみよう	

略語を使う

複数の単語でできたフレーズを入力するのって面倒だよね。日本語でも「なるべくはやく」を「なるはや」って略したり、「了解」を「り」とか「りょ」とか略したりするのと同じように、英語でも略語を使うことができます。

SNS やネイティブ同士のメッセージのやり取りでよく見られるキャッチーな表現だから、ぜひ使ってみてね♪

例1 **もう行かなきゃだから、あとで話してもいい？**

→ **I gotta go now so ttyl, OK? 😏**

> ttyl は talk to you later の略で、「またあとで話そう」という意味。
> 急いでいるときに使ってみよう♪

例2 **ヒマになったら教えて。**

→ **Lmk when you're free 😞**

> lmk は let me know の略で、「私に知らせてね」という意味。

例3 **この視点で見てみて。あなたはニューヨークに着いたばかりです。**

→ **POV: You just arrived in New York.**

> pov は point of view「視点」の略。
> 動画や写真をどのような視点で見ればよいかを伝える表現です。

例4 **あそこのハンバーガーめっちゃウマいよ、マジで！**

→ **The burger out there is lit, ngl! 🔥**

> ngl は not gonna lie「嘘をつくことはない」の略。
> 「マジで〜」みたく念押しするときに使ってみてね！

ofc	of course	もちろん
ikr	I know right	そうだよね〜
	「そのリアクションであってるよ」というニュアンス	
nvm	never mind	気にしないで
tbh	to be honest	ぶっちゃけ
	直訳すると「正直いって」	
omw	on my way	向かってるとこ
ily / ilu	I love you	大好き
cya	see ya	またね
btw	by the way	ところで、ってか
brb	be right back	すぐ戻るよ
gj	good job	グッジョブ
imo	in my opinion	自分的には
ngl	not gonna lie	マジで
	直訳すると「嘘をつくことはない」	

>>> すこしの工夫で"こなれ感"アップ インスタ英語のコツ

smh	shaking my head	やれやれ
	うんざりしたときに「頭を横に振る」イメージ	
lmk	let me know	教えてね
fyi	for your information	ちなみに
tmi	too much information	もう十分
g2g	got to go	もう行かなきゃ
irl	in real life	現実バージョン
gm	good morning	おはよう
gn	good night	おやすみ
jk	just kidding	冗談です
ttyl	talk to you later	またあとでね
ott	over the top	やりすぎ
lol	laugh out loud	大笑い
af	as f*ck	めっちゃ
	いわゆる F ワードだけどネイティブはよく使うよ	

"こなれ感"を出すコツ ❺

間投詞を使いこなす

海外ドラマや洋画を見ていると、ネイティブ・スピーカーって実にイキイキと英語を話しているよね。なかでも Wow! や Oops! のような、短いけど感情がこもった表現を 間投詞 と呼びます。

日本語でいうと、「うーん」とか「はぁ……」みたいなもの。文の出だしや終わりに添えるだけで、まるでその人の声が聞こえてくるような投稿になるよ♪

例 1 **ああ〜、このワンちゃん可愛いすぎ！**

→ **Aww this pup is sooo cute** 😊

💬 可愛い動物などを見たときに使えるほか、辛いことがあった友人に共感するとき、うらやましいときにも使える便利な間投詞だよ♪

例 2 **あーあ、きょうマジ働きたくないや。**

→ **Ugh, I so don't wanna work today** 😫

💬 嫌なことがあったときに使える間投詞。
日本語でも「ああ……」とか「はあ……」みたいに、ため息をつくよね。

例 3 **おっと、知らなかった！**

→ **I didn't know that! Oops!** 🐑

💬 間投詞はいつも文のはじめに置いてあるイメージがあるかもだけど、こんなふうに文のあとに置くこともできます！　たまには文末に置いて気分転換してみよう♪

例 4 **ふぅ、危なかったぜ！**

→ **Phew! That was close!** 😎

💬 危ない場面やヒヤヒヤする瞬間を切り抜けて、ほっと一息つくときに。

Aww	おおっ、可愛い〜、嬉しい〜（いいときも悪いときも）
Ugh	あーあ、げっ（ため息を吐く感覚で）
Ew	おえっ、げっ（気持ち悪いとき）
Yikes	キモっ（気持ち悪いとき）
Ahem	おほん（何か伝える前に）
Oops/Ups	しまった、やっちゃった（驚いたとき、ミスしたとき）
Boo	ブーブー（悪いとき）
Hmm	うーん（悩んで考えるとき）
Mmm	うーん（悩んで考えるとき）
Ouch	痛てっ（痛いとき、やらかしたとき）
Phew	ふぅ、はぁ（安心したとき）
Bruh	なにいってんの（驚きや疑問を伝えるとき）
Duh	当たり前じゃん（当然だと感じたとき）
Pfft	けっ、そんなもんか（あざ笑うとき）
Jeez	えーっ（驚いたとき、呆れたとき）
Yay	わーい、やった（うれしいとき）
Mwah	チュ〜（チューしたいくらいのとき）

"こなれ感"を出すコツ ❻

簡単な動詞で置き換える

語彙力があるのはもちろんいいことだけど、難しい単語ばかり使うと硬い文に見えてしまう場合も。SNS や英会話では、誰もが知っている簡単な単語を使うほうがカジュアルでフレンドリーな印象を与えることができます。

よりネイティブっぽい表現を目指して、ここでは第 1 章で紹介した超最強！動詞を使って置き換えるコツを紹介するよ♪

例 1 とっても嬉しくなった！

before） I became so happy!

after ） I got so happy!

例 2 わかった。

before） I understood.

after ） I got it.

例 3 インフルエンザにかかった。

before） I'm infected with the flu.

after ） I got the flu.

例 4 ケンからメッセージが来た。

before） I received a message from Ken.

after ） I got a message from Ken.

例5 元カレのことは吹っ切った。

before） I overcame the breakup with my ex-boyfriend.

after ） I got over my ex-boyfriend.

例6 ランチにハンバーガー食べた。

before） I ate a hamburger for lunch.

after ） I had a hamburger for lunch.

例7 彼女は出産したばかりだ。

before） She has just given birth to a baby.

after ） She has just had a baby.

例8 このクレカ、使えますか？

before） Do you accept this credit card?

after ） Do you take this credit card?

例9 これ、書きとめておいてもらえますか。

before） Could you write it down?

after ） Could you take it down?

例10 空港に着いた。

before） We arrived at the airport.

after ） We made it to the airport.

例11 私たちは口論のあとで仲直りした。

before） We were reconciled after the argument.

after ） We made up after the argument.

例 12 遅刻の埋め合わせをします。

before）I'll compensate for being late.

after ）I'll make up for being late.

例 13 彼らはうまくライブをやった。

before）They performed well at the concert.

after ）They did well at the concert.

例 14 その仕事を終わらせた。

before）I have completed the task.

after ）I have done the task.

例 15 時間が経つのがとてもはやい。

before）Time passes so quickly.

after ）Time goes by so quickly.

例 16 この電車は新宿へ行く。

before）This train departs for Shinjuku.

after ）This train goes to Shinjuku.

例 17 彼はアメリカに帰った。

before）He returned to the US.

after ）He went back to the US.

"こなれ感"を出すコツ ❼

ちょい足しフレーズを使いこなす

てっとりばやく"こなれ感"を出すコツが、ちょい足しフレーズを使うことです。so や just のように使い勝手のいい、しかもネイティブが使いがちな表現を投稿にプラスするだけで、ぐぐっとナチュラルな英文になります。

英文のどこに入るかを意識しながら、例文で使い方をおさえましょう！

→ just ちょうど、〜すぎる

Just found a nice restaurant 😣
よさげなレストラン見つけた。

I just can't help my love for my pup 😍
愛犬、好きすぎて無理。

 動詞や助動詞の前に置いて「ちょうどいま〜」という意味を付け加えたり、「〜すぎる」と動詞の意味を強調したりできるよ！

→ so めっちゃ、マジで

She's so like me! 😎
あの子、めっちゃ私に似てる！

I so don't wanna clean my room 😫
マジで掃除したくない。

 so cool「めっちゃカッコいい」のように形容詞の前で使うほか、ネイティブは動詞や助動詞の前に so を置くこともあるよ！

こなれ感のコツ ❼

→ def / defo　マジで、確実に

I def wanna see you soon 🥺
マジで早く会いたい!

You should defo watch it 😎
マジで見たほうがいいよ。

> def や defo は「確かに、確実に」を意味する definitely の略。
> 動詞の前に置いて「マジで」という意味になるよ!

→ kinda / sorta　ちょっと、なんか

I kinda wanna sleep now 😑
ちょっと寝たいかも。

Was sorta cool 👍
なんかかっこよかった!

> kind of や sort of のカジュアル版。
> 動詞や形容詞、名詞の前に置いて「ちょっと〜」「なんか〜」の意味!

→ somehow　どうにかして、なんか

I somehow made it home 😑
どうにか帰宅。

This somehow makes me feel comfy 😌
なんかわからんけど落ち着く。

> 動詞や形容詞の前に置いて「どうにか」「なんか」のニュアンスが出せるよ!
> comfy は comfortable の口語バージョン♪

→ pretty　めっちゃ、まあまあ

Just cooked spaghetti, but it looks pretty bad 🐑
スパゲッティ作ったけど、めっちゃ見た目わるい。

> 形容詞の前に置くことで「めっちゃ〜」と強調できます。
> 「まあまあ、なかなか」いう意味もあるから要注意!

→ way 〜すぎる、ずっと〜

Omg she's way too cool 😻

やばい、あの子カッコよすぎ。

My new room looks way better than before ●●

私の部屋、前よりずっとよく見えるな。

 形容詞の前に置いて「〜すぎる」「ずっと〜、はるかに〜」と強調できるよ！

→ real めっちゃ、すごく

That's real cool!! 😎

それめっちゃイケてる〜!!

Look at this real cute kitty! 😻

この可愛すぎる猫ちゃん見て！

 That's really cool!! のように really を使っても同じ意味になるけど、あえて副詞の real を使うことで、くだけた感じになるよ！

→ such めっちゃ、これほどにも

He's such a cute boy! 🤩

この男の子、めっちゃ可愛い！

They're such nice girls! 🥹

彼女たち、めっちゃいい子！

 〈such a＋形容詞＋単数名詞〉あるいは〈such＋形容詞＋複数名詞〉の形で、「めっちゃ」という意味をプラス！

→ totally 完全に、めっちゃ

I totally get it! 👍

完全に理解した！

 動詞や形容詞の前に置いて「完全に」「めっちゃ」のニュアンスで使えるよ！

→ so それで

So, what do u think of my new coat? 😉

それで、私の新しいコートどう思う？

 文の出だしに置けば、話題を変えたり相手の注意を引いたりできるよ！

→ so 〜だから

She's selfish, so I don't like her 😠

あの子ってワガママだから、好きじゃない。

 so は文中に置いて、「〜だから」と理由を表すこともできるよ！

→ well えっと

Well, I gotta go to bed soon 😑

えっと、そろそろ寝なきゃ。

 文の出だしに置いて、話題を変えたりするときに使えるよ！

→ you know わかるでしょ？ そうでしょ？

I should just stop watching TV, but I just can't, you know? 😑

テレビを見るのはやめるべきだけど、無理なんだよね、わかるでしょ？

 文の出だしや終わりに置いて、
「わかるでしょ？」「そうでしょ？」というように同意を求める表現だよ！

→ You know what? なんと、あのね

You know what? I finally got the ticket for the concert! 😎

なんと！ ついに例のライブのチケットをゲットしました！

 直訳すると「何だと思う？」。
ニュースを報告する前などに、相手の注意を引くための表現♪

→ By the way　てかさ

By the way, I didn't know that he's into her 〰️

てかさ、彼が彼女のこと気になってるって知らなかったんだけど。

> 文の出だしに置いて、「てかさ」「ところで」と話題を変えるときの表現。
> BTW と略すことができるよ!

→ Speaking of which　そういえば

Speaking of which, how are the things with her? 😍

そういえば、彼女とはどうなん?

> 文の出だしに置けば、相手の言葉を受けて話を展開させることができるよ!

→ That reminds me　それで思い出した

That reminds me, I need to see a doc tomorrow 😲

それで思い出したけど、あした病院に行かないとだわ。

> 文の出だしに置けば、相手の言葉を受けて話を展開させることができるよ!

→ For your information　ちなみに

For your information, my rec is their oyakodon 😋

ちなみに私のオススメはそのお店の親子丼。

> 文の出だしに置いて、ちょっとした情報を伝えたいときに使おう。
> FYI と略すことができるよ!

→ Before I forget　忘れる前に

Before I forget, please remind me to bring my passport 🥺

忘れる前にいっとくけど、パスポート持っていくの思い出させてね!

> 文の出だしに置いて、注意すべきことを相手に伝えられるよ!

→ I mean つまり、要するに

I guess we're MATCHING! I mean, we have a lot in common.

私たち、めっちゃ気が合うの！ というのも、共通点が多くて。

> ここでは1文目の内容を受けて、
> 「気が合う」という内容を「共通点が多い」と具体的に説明しているよ！

→ here's the thing つまり、要するに

I suck at swimming, but here's the thing, I HATE water 😡

泳ぐのニガテ、てか要するに、水嫌い。

> ここでは文の前半部分を受けて、「つまり〜」と話をまとめているよ！

→ For the record はっきりいって

For the record, I think he should let her go 😑

はっきりいって、彼は彼女を諦めるべきだと思う。

> 本来の意味は「記録して残すために」。
> 文の出だしに置いて、強めの意見を主張したいときなどに使えるよ！

→ like なんていうか

We're going well, like ... we talk a lot these days.

私たちはいい感じよ、なんていうか……よく話してたりするね。

> ネイティブの会話によく登場するこの like は、日本語にすると
> 「なんていうか……」みたいな意味。言葉に詰まったときに使ってみてね♪

→ or something 〜とか

I'm planning to do a movie or something tonight 😎

今夜は映画かなんか見ようかな。

> 名詞のうしろに置けば「〜とか、〜かなにか」という意味になります。
> あえてぼかすことで、カジュアルな印象を与えられるよ！

単語を引き伸ばす

日本語でも「旅行いきたーーーい」とか「かわいいーーー！！」みたいに表現することってあるよね。英語でも同じように、単語を引き伸ばすことでカジュアルな印象を与えられます。

単語の途中でも語尾でも、どこでも好きなところを伸ばしちゃって OK！シンプルな英文も一気に親しみやすくなるからやってみて♪

例1 え〜〜〜〜っ、コンサート中止になった！！

→ Ohhhhh nooooooo **the concert is cancelled!!** 😫

💬 「信じられない」という意味の oh no を引き伸ばして、残念な気持ちを強調！

例2 やっほぉ、みぃぃんなあああああ！

→ **Hello** everyyyyoooonnneeee! 😌

💬 このように単語の途中でも、好きなところを伸ばしてみて。

例3 きょうは親友のパーティいくよおおお。

→ **Going to my best friend's party** todaaayyyy. 😄

💬 パーティを楽しみにしている気持ちが伝わってくるよね♪

あの 今っぽい言葉、英語でなんて言う?

第2章ではここまで、"こなれ感"を出すための英語表現を学んできました。
でも、よく考えてみると、"こなれ感"や"ナチュラルな表現"って
なにも英語だけの問題じゃないよね?
ふだん私たちが日常生活のなかで使っている言葉や、
身のまわりにある物ごとを投稿に盛り込むことで、
日記は自然とカジュアルな内容になってくるはず。
ここからは、そんな身近な単語やフレーズを紹介していくよ!

映(ば)える	photogenic

This cafe is photogenic ☕ ✨

このカフェ、映える。

photogenic は「写真うつりがいい」という意味。
「インスタ映えする」といいたいときには、Instagrammable を使おう!

ハンパない	awesome

The footballer has got awesome physical strength! 🔥

あのサッカー選手の身体能力、ハンパないって!

awesome が「すばらしい、イケてる」などのポジティブな意味をもつのに対して、
crazy や insane はいい意味でも悪い意味でも「ハンパない」の意味になります。

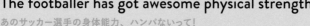

沸いた	overjoyed

Was OVERJOYED at that moment 🦌

あの瞬間、マジで沸いた。

overjoyed は「大喜びした」という意味の形容詞。
over（〜すぎる）＋ joy（喜び）と分解すれば覚えやすいよ♪

エモい	nostalgic

This pic makes me feel so nostalgic … 😭

この写真、マジでエモいな〜。

日本語の「エモい」の由来は emotional だけど、英語の emotional は「感情的な」、
つまり怒ったり泣いたりといった感情があらわになっている状態のこと。
「懐かしい」という意味なら、nostalgic を使おう！

アオハル	youthful / #youth

We look so youthful in this pic 😌

写真のうちら、アオハルだなあ

youthful は「若々しい」という意味だけど、「青春」って感じでも使えるよ。
写真や文章にハッシュタグ #youth を添えるだけでも OK！

あざとい	clever

Isn't this puppy so clever??
このワンちゃん、あざとすぎない??

 clever には「賢い」だけじゃなく、「いい意味でずる賢い」という意味もあるよ!

気まずい	awkward

So awkwardddd ... 😑
マジ気まず……。

 awkward の前に so(とても)を置いて、気まずさを強調しています。

エグい	sick

This track is just so SICKKK!! 😎
この曲、まじエグいって!!

 sick は「病気の」とか、悪い意味で「エグい」という意味のほかに、
スラングで「イケてる」「最高の」って意味もあるよ!

ゲスい	**worst**

I've got the worst laugh
私の笑い方、ゲスい。

 worst は bad の最上級、つまり「最悪」ってこと!

クセがすごい	**derpy**

He sleeps in such a derpy position 😄
彼の寝方のクセがすごい。

 derpy は「ひょうきんな、おバカな」みたいなニュアンスをもつスラング。
「独特な」っていいたいときは、unique や quirky がベター!

めっちゃおすすめ	**highly recommended**

This shampoo is highly recommended 😉
このシャンプー、めっちゃおすすめ。

 recommend は「〜をおすすめする」という意味の動詞。
お気に入りをシェアするときに使ってみよう!

余韻に浸る（ひた） ┊ **take it all in**

I'm just taking it all in ... 😭

ただただ余韻に浸ってる……。

 take it all in は直訳すると「すべてを内側に取り入れる」。
すばらしいライブや映画を見たあとに使ってみてね!

夜ふかしする ┊ **stay up late**

Been staying up late these days●●

さいきん、ずっと夜ふかししてる。

 stay up は「起きている」、late は「遅くまで」という意味だよ。

盛れた ┊ **look prettier**

All you need to look prettier is SNOW ✨

盛るために必要なのは SNOW。

 look は「〜に見える」、
prettier は pretty の比較級で「もっと可愛い」という意味になるよ。

ワンチャンある	have a shot

I might have a shot!

ワンチャンあるかも！

have a shot はもともと「銃をためしに撃ってみる」という意味。
そこから転じて、「チャンスがある」という意味でも使われるよ。

やらかす	mess up

I messed up at work ...

仕事でやらかしたわ……。

mess up は「失敗する」の意味。
「大失敗する」みたいに強調したいときは screw up を使おう！

知らんけど	I guess

Life has its ups and downs ... I guess?

人生、山あり谷ありじゃない？　知らんけど。

「確信はもてないけど」みたいなニュアンス。
I think より弱く主張したいときに。

とりま	anyways / anyway

Anyways, I'm going to bed now 😉

とりま、もう寝るね〜。

「とにかく」のように話を切り上げたいときは、anyways もしくは anyway を使おう!

秒で	a sec

Took me only a sec to fall in love with this taste 😎

この味、秒で好きになった。

sec は second(秒)の略。
例文を直訳すると、「私がこの味と恋に落ちるのにたった1秒しかかからなかった」。

控えめにいって	not too much to say

Not too much to say it was the BEST 😚

控えめにいって最高でした。

it is too much to say(〜というと言い過ぎだ)を not で打ち消しているイメージ。
直訳すると「最高だったといっても過言ではない」ということ!

～しか勝たん　| Nothing beats ～ !

Nothing beats MEAT! 😋
お肉しか勝たん！

beat は「～をやっつける」という意味。例文を直訳すると、
「お肉をやっつけるものはない」、つまり「お肉しか勝たん！」「優勝！」という感じ。

チルい　| ～ is chill.

My afternoon has been so chill. Mmm 😌
う〜ん、最高にチルい昼下がり。

「くつろいでいる、落ち着いている」という意味の chill を使うよ。
「チルい」は英語から日本語に輸入された表現なんだね。

ルーティン　| routine

This is my morning routine ☕
これが毎朝のルーティン。

すっかり日本語になった routine だけど、"o" を忘れないよう注意！

ビジュ	look / looks

That singer's got the best look! 😎

あの歌手のビジュ最高!

 visual は「視覚の、目に見える」などの意味。
カタカナの「ビジュアル」とはちょっとニュアンスがズレちゃうから注意!

沼	rabbit hole

That anime is such a rabbit hole, isn't it? 🐇

あのアニメ、本当に沼だよね。

 rabbit hole とは、『不思議の国のアリス』に登場する長い長いウサギの穴のこと。
いくら落ちてもなかなか底にたどり着かないくらいハマっちゃう沼、
みたいなイメージです。

語彙力ない	poor vocab

Our poor vocab makes us laugh 😄

私たち、語彙力なくて笑う。

 vocab は vocabulary「語彙」の略。
反対に「語彙力が高い」は have a large vocab というよ!

| 双子コーデ | twinning outfits |

We went in twinning outfits!

双子コーデで参戦！

twin は「双子」って意味！
outfit は「服」だけど、fit でもほぼ同じ意味になるよ。

| 下ネタ | NSFW |

Kept talking about lots of NSFW topics

めっちゃ下ネタ話しまくった。

NSFW は Not Safe For Work の略語。
つまり「職場では危険」ってこと！

| ぴえん | *sob* |

No reactions ... *sob*

反応なくて、ぴえん。

sob は「泣きじゃくる」って意味の動詞！
アスタリスク（*）で囲まれた動詞は、その動作にともなう効果音を表します。

あの*インスタ用語*、英語でなんて言う?

裏垢	finsta	fake（偽物の）+ Instagram で finsta
本垢	rinsta	real（本物の）+ Instagram で rinsta
鍵垢	private account	
見る専	lurker / browser	lurk は「潜む」、lurker は「潜む人」という意味
インスタ映えする	Instagrammable	Instagenic でも OK！
インライ	Insta live	
いいね	like	
コメント	comment	
アーカイブ	archive	
保存	save	
リプ	reply	
DM	DM	Direct Message の略
ストーリー	story	
フィード	feed	

ハッシュタグ	hashtag	
親しい友だち	close friends	この close は「近い」ではなく「親しい」の意味
リール	reel	
スクショ	screenshot	
ハイライト	highlight	
プロフィール	bio	bio は biography「紹介」「プロフィール」の略
インフルエンサー	influencer	
投稿する	post	
配信する	stream	
タグる	tag	
フォローする	follow	
フォロバする	follow back	
誤フォローする	follow by mistake	
フォロワー数	follower count	

あの**親しい人たち**、英語でなんて言う？

guys	みんな	
you guys	みんな	男性だけでなく女性にも使います
you two	きみたちふたり	
BFF	大親友	
buddy	なかよし、相棒	
regulars	いつメン	crew / homies / squad でも OK！
bf / boyfriend	彼氏	
gf / girlfriend	彼女	
crush	好きな人	
sis	姉 / 妹	
bro	兄 / 弟	血縁関係がなくても親しい友人に使います
mom / mommy	お母さん	
dad / pop	お父さん	
grandma / grammie	お祖母ちゃん	

grandpa / grandpop	お祖父ちゃん
pup / puppy	子犬
kitty / kitten	子猫
real-life friend	リア友
fav / fave	推し（favorite の略）
wifey	妻、嫁
hubby	夫、旦那
sweetie / sweetheart	大切な人
kiddo	子ども
drinking buddy	飲み友だち
baby / babe	かわいい子（恋人、結婚相手、友だち、子ども、ペットなど大切な人に使います）
angel	かわいい子
darling / darlin'	愛しい人（恋人、結婚相手など大切な人に使います）
honey / hunny / hun	愛しい人

my love	大好きな人、恋人	
soul mate	運命の人、心の友	
precious	大切な人	
cutie	かわいこちゃん	子どもやペットに使います

マネするだけで書けるようになる

場面別フレーズ

―

この章では、さまざまな場面ごとに例文をまとめました。
そのまま日記に引用したり、単語を入れ替えたり、
便利な例文集としてぜひ活用してね♪

new post!

I bought TONS at an outlet mall😎

アウトレットモールで爆買いした。

 tons は重さの単位「トン」のこと。「何トンも」という重さから転じて、「たくさんのもの」という意味になります。
大文字にすることで、さらに強調できるよ！

Went shopping in Shibuya todayyyyy!

きょう渋谷で買い物したよ!

 いきなり Went からはじまっているのは、主語の I を省略しているから。
「渋谷で」と地名がつづくときは in を、特定のお店がつづくときは at を使おう♪

All the summer items were on SALE!!

夏物が全品セールだった!!

 「〜がセールになっている」といいたいときは、〜 be on sale. を使います。
sale を大文字にして目立たせれば、喜びを強調できるよ!

Only browsing for now cuz I'm broke. Lol

金欠でとりあえずウィンドウショッピングだけした(笑)。

 browse は「(商品などを)見て回る」、broke は「金欠の、破産した」という意味。
cuz は because の略で、「金欠だから」と理由を表しています。

There are just too many things I want!

欲しい物ありすぎ!

 「〜がある」といいたいときは、There is 〜 . または There are 〜 . で。
うしろにつづく物が1つの場合は is を、2つ以上ある場合は are を使います。

I fell in love with this bag at first sight

このバッグ、一目惚れした。

 fall in love with は「〜と恋に落ちる」、at first sight は「一目で」の意味。
「衝動買いした」ときは、get 〜 on impulse で♪

OMG! Spent TOO MUCH money today!

やばい! 今日お金使いすぎた。

 OMG は Oh My God の略語。「(お金)を使う、費やす」という意味の動詞は
spend で、ここでは過去形の spent になってるよ。

I just maxed out my credit card ...

クレカ上限いったわ……。

max out は「限度額まで使い切る」の意味。
「クレジットカード」は英語でもそのまま credit card だよ♪

I was eyeing their cute wallet online, but now it's sold out

ずっとネットで見てた可愛い財布、売り切れになってる。

この eye は動詞で「〜に目をつける」の意味。
「売り切れ」は日本語と同じ sold out を使います。

I'm such a shopaholic

超買い物中毒だわ。

I'm such a 〜. で「私ってこんなにも〜」、つまり「私って超〜」ということ。
-aholic は「〜中毒」という意味で、shopaholic は「買い物中毒」、
workaholic は「仕事中毒」の意味になるよ。

Shopping is just so stress-relieving

買い物って、めっちゃストレス発散になる。

stress-relieving は「ストレス発散になる」の意味。
ここでは just と so で強調しています。

Chose some fits for my bf!

彼氏に似合う服選んであげた！

chose は「選ぶ」という意味の動詞 choose の過去形で、picked でも OK！
fits は outfits と同じ意味で、「服一式」のイメージ。

Got the bag I've wanted for a long time ... it's a great day

ずっと欲しかったバッグを買えて、最高な日。

I've wanted は I have wanted の略。
for a long time「ずっと」という期間を表すフレーズからもわかるように、
【継続】の意味になります。

Today's purchase! 😎

本日の購入品！

「購入、購入品」を意味する名詞の purchase には、
動詞で「〜を購入する」って意味もあるよ！

Ordered Nike sneakers online. 👍

ナイキのスニーカー、ポチった。

「ネットで〜を買う」「ポチる」といいたいときは、order 〜 online を使ってみてね！
この order は「〜を注文する」という意味の動詞だよ♪

Finally got the limited edition!! 🥺

やっと限定版手に入れた！！

「限定の」といいたいときは limited を、
「季節限定の」といいたいときは seasonal offer を使います。

WON THE LOTTERY! 🦌 💕

抽選当たった！

won は「〜を勝ち取る」という意味の動詞 win の過去形で、lottery は「抽選くじ」。
文全体を大文字にして、当選の喜びを表しています！

I ordered this without seeing it irl …

実物見ないで買っちゃった……。

irl は in real life「現実世界で」の略。
例文は「実物を見ずにネットで見ただけで注文しちゃった」ってこと。

Just put some stuff I no longer need up for sale. 😉

もういらない物、出品しました。

put 〜 up for sale で「〜を売りに出す」って意味。
オークションアプリで不用品を処分するときに使ってね♪

new post!

Went café-hopping in Daikanyama today

今日は代官山でカフェをはしごしたよ。

「カフェをはしごする」は go café-hopping で。
他の店をはしごするときは go bar-hopping「バーをはしごする」
のように、hopping の前に入る部分を置き換えよう♪

They opened a new café last month

先月できたばかりのカフェ。

 主語の They は特定の人を示すというよりは、
「カフェのスタッフさんたち」くらいのニュアンスだよ♪

It's along Setagaya Line 😉

世田谷線沿いにあるよ。

 along は「〜沿いの」という意味。
「青山通り沿い」なら、It's along Aoyama-dori Avenue. のように使います。

Heard there's a new café in my neighborhood!

近所に新しいカフェができたって聞いた！

 in my neighborhood で「うちの近所に」ということ。
there is 〜 は場所を表す便利な表現なので、かならず覚えてね♪

JUST FOUND THE BEST CAFÉ! •• ✨

最高のカフェ見つけた！

すべて大文字にすることで、最高のカフェを見つけた高揚感が伝わるね♪
「ちょうど」という意味の just を使えば、
「いまちょうど見つけたばかり」というニュアンスを込めることができます。

Had to stand in line for a while … 😑

めっちゃ並んだ。

 「列に並ぶ」は英語で stand in line です。
日常会話で Are you in line?「（レジに）並んでるの？」のようにも使われるよ♪

Look at this cutest latte-art! 😎

見て、ラテアート可愛い！

 「可愛い」はシンプルに cute でもいいけど、
最上級の cutest を使うことで感動を最大限に強調できます。

Had a great fruity latte 😋

フルーティなラテが美味しかった。

「飲んだ」はもちろん drink でも伝わるけど、
have のほうがより "こなれ感" が出せます！

Their coffee never fails ☕

安定の美味しさ。

「絶対に失敗しない」＝「安定している」というニュアンス♪
disappoint「がっかりさせる」を使って、Their coffee never disappoints.
ということもできます。

The inside was so cool 😎

店内が超おしゃれだった。

inside は「屋内」や「内側の」などの意味。
文だけだと伝わるか心配なときは、写真を添えると伝わりやすいよ♪

Was a quiet & relaxing space 😄

静かで落ち着く空間。

この文の場合、省略された主語は I ではなく It です。
カフェの話をしていることが明らかであれば、主語がなくても伝わります。

Felt like time was passing by slowly there 😌

時間がゆっくり流れてるみたいだった。

feel like で「〜な感じがする」と感想を伝えることができるよ。
pass by は「（時間が）過ぎる」って意味！

Loved the music they were playing 🥺

流れてる音楽がよかった。

they were playing の部分はうしろから the music の説明をしていて、
「彼ら（スタッフ）が流してる音楽」ということ。

We kept chatting over coffee ☕

コーヒー飲みながらめっちゃ語った。

「コーヒーを飲みながら」は over coffee とたったの2語で表せちゃいます。
テーブルに置かれたコーヒーの上を、おしゃべりが飛び交うイメージで覚えよう♪

I got to focus on my studying there 😎

勉強に集中できた。

この get to は「〜できる」、focus on は「〜に集中する」の意味♪

I got THE new coffee takeout! 🤩 ☕

うわさの新作コーヒー、テイクアウトした！

THE new coffee と THE を大文字にして強調することで、
「うわさになってるあの例の新作コーヒー」というニュアンスを出しているよ！

Nothing beats their gâteau au chocolat 😋

ここのガトーショコラしか勝たん。

直訳すると「ここのガトーショコラには何も勝てない」、
つまり「ここのガトーショコラしか勝たん」ってこと！

My waffle with vanilla ice cream as topping 🥺 💕

ワッフルのバニラアイス乗せ。

with vanilla ice cream でアイスがワッフルと一緒についてくるイメージ。
「トッピング」は英語でも topping！

My DREAM dessert buffet! 😋 💕

念願のスイーツ食べ放題！

この dream は形容詞で「夢のようにステキな」という意味だよ。
buffet は「ビュッフェ」のことだけど、最後の t を忘れないように注意！

new post!

Everyone celebrated my bday!

みんなが誕生日のお祝いしてくれました！

 bday は birthday「誕生日」の略だよ。
誕生日など「物」をお祝いするときは celebrate を、
「人」をお祝いするときは congratulate を使おう！

I LOVE my regulars too much💕

いつメン、まじで好きすぎる。

「いつメン（いつものメンバー）」を指す regulars は、
「常連」って意味でも使えるよ！

Our usual drinking party🍻✨

いつもの飲み会。

usual は「いつもの、通例の」という意味の形容詞。
「飲み会」には drinking party を使おう！

My bff gave me a lipstick from YSL😳💕

大親友がイブサンローランのリップくれた！

bff は best friend forever の略。
「いちばんの永遠の友だち」、つまり「大親友」ってこと！

I'm glad we got to talk a lot! 😊

たくさん話せてよかった〜！

glad や happy などの感情を表す形容詞のうしろには、that 節や to do を使って
嬉しいと思った理由をつづけることができます。ここでは that が省略されているよ。

We couldn't stop talking. Lol😆

おしゃべりが止まらなかった（笑）。

stop doing で「〜することを止める」という意味。
stop to do は「〜するために立ち止まる」という意味になることがあるので注意！

Our girl talk never stopped😆💕

女子トークが止まらなかった。

didn't stop よりも never stopped としたほうが、
ず〜っとおしゃべりしていた感じを強調できるよ！

Kept talking about the worst things ever 😁

ずっとゲスい話してた。

keep doing で「〜しつづける」の意味。
「ゲスい話」は「最悪な話」と考えて、worst を使っています。

We laughed so much we cried. Hahaha 😆

笑いすぎて泣いた(笑)。

We laughed so much so that we cried. の so that が省略された形。
so much so that 〜 で「〜するほど…」って意味!

Our 4 hours flew by 💕

あっという間の4時間。

flew は fly「飛ぶ」の過去形で、時間が飛ぶように早く過ぎてしまったことを表すよ。

Thank you for such a great time! 💕

楽しい時間をありがとう!

Thank you for 〜. で「〜をありがとう」の意味。
お礼を伝えたいときに使ってね。

I'm so blessed to have these friendz 😎

ほんと友だちに恵まれてるな〜。

blessed は「恵まれている」の意味。
friendz は friends のスペルをあえて書き換えた、こなれ表現だよ♪

Everyone looked so CUTE 🥺 🖤

みんな可愛かった!

この look は「見る」じゃなくて、「〜に見える」の意味。
どのように見えるかを look のうしろに置きます。

I look prettier in this pic

この写真、盛れてる。

 「盛れてる」は「現実より可愛く見える」と考えて、比較級の prettier「より可愛い」を使っているよ！ pic は picture「写真」の略。

I wonder why time goes by so fast …

なんで時間ってこんなに速く過ぎるのかな……。

 I wonder why … は「どうして…なのかと思う」、
go by は「過ぎ去る」とか「通り過ぎる」って意味！

Ugh I wasn't planning on drinking this much

あ〜、こんなに飲むつもりじゃなかったのに。

 plan on -ing は「〜するつもり」の意味。否定文の最後に this much や
that much を置くと、「こんなに」というニュアンスをプラスできるよ！

Home drinking is the best!

宅飲みが一番！

 「宅飲み」は home drinking です。
「home ＝家」、「drinking ＝お酒を飲むこと」だから、そのまんまだね♪

I have a hangover …

二日酔いだ……。

 hangover は「二日酔い」のこと。
I got a hangover. でも同じような意味になるよ！

Missed the last train …

終電逃しちゃった……。

 この miss は「〜を逃す」の意味。
反対に「終電に間に合った」ときは、Caught the last train. を使おう。

Couldn't make it today, so I'll make it up to them next time. 😫

きょうは行けなかったから、次回は埋め合わせする。

この make it は「参加する」、make it up は「埋め合わせする」って意味！

Had a 3 hour long phone call w Aika 😌

アイカと 3 時間電話した。

have a phone call with で「〜と電話する」の意味。
w Aika の w は、with の略だよ♪

Fell asleep in the middle of the call …

電話しながら寝落ちした……。

fall asleep は「寝落ちする」、in the middle of は「〜の途中で」の意味。
in the middle of the night といえば「深夜」だよ♪

Bumped into Natsuki today! 🦌

きょう、ナツキとばったり会った！

bump into または run into で「〜と偶然出会う」という意味になるよ♪
bump は「ぶつかる」の意味。

Thank you for listening to my long stories 😊

たくさん話聞いてくれてありがとう。

thank you for のあとに動詞をつづけるときは、-ing の形にすることを忘れないで。
この listen to は「〜を聞く」の意味だよ♪

Feeling GOOD after talking! 😆

話したらスッキリした〜！

直訳すると「話のあとで気分がよくなった」。
after のうしろには名詞や動名詞、あるいは〈主語＋動詞〉のカタマリがつづくよ。

I just can't stop talking once I start. Lol 😆

語り出すと止まらない（笑）。

 once はうしろに〈主語＋動詞〉のカタマリをつづけて、「一度～すると」の意味。

Wanna see them so muchhhhh! 🥺

めっちゃみんなに会いたいいいい！

 wanna は want to「～したい」のスラング。muchhhhh と語尾を伸ばすことで、日本語でいう「会いたいいいい」みたいなくだけた表現になるよ♪

We enjoyed taking pix of each other ✨

写真撮り合いっこして楽しんだ。

 enjoy のうしろには to do ではなく doing の形がつづくことに注意！
pix は pics の書き換えで、こなれた感じが出せるよ♪

I was told I got slimmer! 😎

痩せたねって言われた！

 この get は「～になる」という意味の動詞。
うしろに比較級の slimmer があるから「（前と比べて）より痩せた」ということ！

We had a sleepover 😊

お泊まり会した。

 sleepover は「外泊」や「お泊まり会」の意味！
sleep over と 2 語に分ければ、動詞で「お泊まりする」って意味になるよ！

They came over to my place! 😊

うちに来た！

 come over は「やってくる」の意味！
〈have＋人＋over〉の「～を家に招く」という表現と一緒に覚えておこう♪

new post!

Still taking it all in ... 😭💕

まだ余韻に浸ってる……。

take it all in は「すべてを内側に取り入れる」ということ。
taking と進行形にすることで、ライブで見たり聞いたりしたものを
取り入れている最中であること、つまり余韻に浸っていることを表してるよ♪

I stan ～. / I'm a ～ stan. / ～ is my fav.

私は～推しです。

stan には「～を推す」という意味の動詞と、
「熱狂的なファン」という意味の名詞の用法があるよ。
stalker（ストーカー）と fan（ファン）が合体して stan になったんだって。

Nothing beats his look 😭

ビジュ、優勝です。

この look は「見た目」って意味の名詞！ beat は「～をやっつける」という動詞
だから、直訳すると「彼の見た目に勝るものは何もない」ってことだね。

Was OVERJOYED the moment they showed up 🐶

出てきた瞬間沸いた。

the moment はうしろに〈主語＋動詞〉のカタマリをつづけて、
「～した瞬間」という意味を表すよ♪

They performed my favorite song! 😭

好きな曲やってくれた！

perform は「～を演奏する」の意味。
日本語の「パフォーマンス」は、perform の名詞形の performance だよ。

Their singing and dancing were AWESOME 😋

歌もダンスも最高。

awesome は「すごい、最高の」というような意味。
ネイティブは日常会話でよく使うから、覚えておこう♪

I'm sure they looked at me!! 😍

絶対こっち見てくれた！！

I'm sure はうしろに〈主語＋動詞〉をつづけて「～を確かに信じている」という
意味で、書き手の確信度の高さを表します。look at は「～を見る」という意味。

Kengo is just so precious ...

ケンゴくんマジ尊い……。

 precious は「貴重な、尊い」という意味。
just を加えることで、「ただだた尊い……」と強調できるよ♪

Got TONS of their merch ✨

めっちゃグッズ買った。

 tons of は「たくさんの〜」という意味。「グッズ」は goods って書きたくなるかも
だけど、merch を使おう！「商品」を意味する merchandise の略だよ。

I GOT HIS AUTOGRAPH OMG!!

やばい、サインしてもらった!!

 「サイン= sign」と思ってる人もいるかもだけど、英語の sign は「書類に署名する」
という意味。有名人のサインは、英語では autograph にあたるよ!

He shook hands with me!! I'm NEVER washing my hands again

握手してくれた!!　もう手洗えない。

 shake hands は「握手する」の意味で、hands と複数形なのは握手するときに
2つの手が必要だから。
NEVER をつけて、「絶対に〜しない」という強い気持ちを伝えています。

Their performance was so SICKKK

演出やばかった。

 この sick は「病気の」という意味ではなく、「最高の」というポジティブな意味♪

JUST ... JUST ... PERFECT (losing my vocab rn)

とにかく完璧だった（いま語彙力ない）。

 just「ただ」を重ねることで、「ただただ、とにかく」というニュアンス。
vocab は「語彙」を意味する vocabulary の略、rn は right now の略だよ!

So happy I had a chance to go to a special live performance 😭

特別なライブに参戦できてよかった。

have a chance to で「〜する機会がある」って意味。
日本語の「ライブ」は、英語の live performance や concert に該当します。

It was a really fun tour 😎 🖤

遠征まじ楽しかった。

ネットで「遠征」と調べると expedition などの単語が出てくるかもしれませんが、
バンドやアーティストの「遠征」は tour で十分伝わります。

Congratulations on finishing the tour!

ツアー完走、お疲れ様でした！

Congratulations on 〜! は、「〜おめでとう!」という決まり文句。
うしろに名詞や動名詞がつづくことに注意。

I will support you FOREVER!

一生応援します！

推しを「支える」イメージから、「応援する」という動詞の support を使っています。
スポーツなどの応援は cheer for を用いることが多いよ♪

I'm so plugging my fave!! 😠

推しを布教します！！

この plug は「〜をしつこく宣伝する」、つまり「〜を布教する」という意味。
fave は fav と同じく「推し」のことだよ♪

He treated me like a queen …

神対応だった……。

直訳すると「女王様のように扱ってくれた」、つまり「神対応」ってこと。

new post!

It made me cryyyyyy

たくさん泣いた〜。

 この make は「人に〜させる」の意味。
ここでは「私を泣かせる」、つまり「泣ける」というような意味になるよ。

Finally got to watch "Top Gun: Maverick"!••

ついに『トップガン マーヴェリック』を見てきました！

get to は「〜する機会を得る」、つまり「〜できる」という意味。
この表現を使えば、「ずっと見たかったんだけど、ようやく見る機会がもてた」
というニュアンスになるよ♪

Not too much to say it was the BEST movie I've ever seen 🙈

控えめにいって最高の映画だった。

best を大文字にして、さらにうしろから I've ever seen「今まで見たなかで」
という語句を添えて、「最高の映画だった」ということを強調しているよ。

The image was soooo beautiful ✨

映像がすっっっごくキレイだった。

so「すごく」の語尾を伸ばして、キレイさを強調しています。

Timothée Chalamet looked so handsome in it! 😍

出演してたティモシー・シャラメがカッコよかった。

この look は「〜に見える」という意味の動詞。
「キレイだった」といいたいときは、handsome を beautiful に変えてみて♪

Their acting was AMAZING 😳

俳優さんたちの演技がすごかった。

amazing は元々は amaze「〜を驚かせる」という意味の動詞から転じて、
「驚いてしまうくらいすばらしい」という意味。

Their casting was just gorge ✨

超豪華キャスト！

gorge は gorgeous「豪華な」の略で、casting は「配役」のこと。
日本語でも「ゴージャス」とか「キャスティング」とかいうからわかりやすいはず♪

NEVER got bored of it! 💕

ぜんぜん飽きなかった！

never は「すこしも〜ない」という意味。get bored of は「〜に飽きる」という
意味だから、「飽きる暇もないくらい面白かった」ということだね。

I NEVER saw that coming. 😮

あの展開はまったく予想できなかった。

直訳すると「それが来ているのはまったく見えなかった」。
つまり「その展開はまったく予想できなかった」というニュアンスだよ♪

The foreshadowing. WOW 🦌

伏線すごかった。

foreshadowing は「伏線」のこと。
The foreshadowing was amazing. みたいに文にしてもいいけど、
こんなふうに名詞を置いただけでも言葉を失うくらい感動したことが伝わるよね？

I fell asleep during the movie 😊

映画の途中で寝ちゃった。

fall は「倒れて〜な状態になる」、asleep は「眠っている」という意味。
つまり、fall asleep で「眠りに落ちる、寝落ちする」ということ。

The sound was SPECTACULAR!! 👏

音響がすごかった！！

spectacular は「華々しい、劇的な」というような意味。
音響の迫力を伝えたいときに。

I really recommend it 😉

この映画、超オススメ！

recommend は「〜をオススメする」という意味の動詞。
really「本当に」を使ってオススメ度を強調しています。

new post!

Took a little trip to Kamakura😪💕

鎌倉に小旅行！

 近場への小旅行であれば a little trip を使おう。
Took a little trip ... の代わりに、Go on a little trip ... でも OK！

A quick trip to Fukuoka with my bf 😎

彼氏と弾丸旅行で福岡行ってきた。

「弾丸旅行」は言い換えると「短期間の旅行」、つまり quick trip で表せるよ。
このように、英語が思い浮かばないときは別の日本語に置き換えて考えてみよう♪

Went on an eating-tour date 😋

食べ歩きデートしてきた。

「デートに行く」は go on a date。
デートの相手を伝えたいときは、うしろに〈with+人〉をつづけよう。

Went on an onsen trip to Hakone 💕

箱根に温泉旅行に行った。

日本の温泉文化は海外でも有名なので、そのまま onsen で通じることもあります。
確実に伝えたいときは、hot spring や spa を使ってね。

Went to see Fushimi Inari-taisha ●●

伏見稲荷大社見に行った。

観光名所を英語でどう呼ぶか自信がないときは、ネットで検索してみよう。
海外からの観光客向けの英語表記がヒットすることが多いよ♪

My first glass blowing experience was pretty hard 😲

初めてガラス作り体験したけどかなり難しかった。

「ガラス作り」は息を吹き込んで形を整えることから、
動詞の blow「〜を吹く」を使って表現するよ!
pretty には「可愛い」だけじゃなく、「とても」という意味があることに注意。

Their local specialty soki soba was mmm so good 😋

郷土料理のソーキソバ、めっちゃ美味しかった。

テレビの食レポとかで、美味しいものを食べたときに「んーーー!」っていったり
するよね。その英語バージョンが mmm です♪

Got my Starbucks at a rest area ☕

サービスエリアでスタバゲット。

「サービスエリア」は和製英語だから、そのまま英語にしても伝わりません。
英語では rest area と表現するよ!

Was a heart-racing car date! 😍

ドキドキのドライブデートだった!

race は「心臓が鼓動する」という動詞だから、heart-racing は「ドキドキする」
という意味になるよ♪

We got stuck in traffic 😑

渋滞にハマった。

「渋滞にはまる」は get stuck in traffic で。
単に「渋滞してる」といいたいときは、There is a traffic jam. と表現します。

Played our favorite tracks real LOUD! 😲

爆音で好きな音楽かけた!

real は「本物の」というような意味でおなじみだけど、
こんな感じで他の形容詞や副詞の前に置けば「とても」の意味で使えるよ!
会話で See you real soon. といえば、「すぐにまた会おうね」ということ。

We took turns driving 💕

みんなで交代して運転した。

take turns -ing で「交代して〜する」という意味。
うしろにつづく動詞が -ing の形になることに注意しよう。

Did a car rental! 😎

レンタカーした!

「車を借りる」は do a car rental もしくは rent a car と表現しよう♪

new post!

It was all Halloweeny and cute 😆 💕

ハロウィン仕様になってて可愛かった。

 「クリスマス仕様」なら Christmassy で。
名詞に -y や -sy をつけると、「〜っぽい」「〜仕様」の意味になります。

My HAPPIEST day in Fuji-Q Highland!

富士急ハイランドで幸せすぎた一日！

 happy の最上級 happiest を使うことで、幸せな感情を強調できるよ！

It was like a dream

夢のようでした。

 この like は「〜みたいな」という意味。
It was like a 〜 .「〜みたいだった」というフレーズごと覚えておこう！

My day passed by in the blink of an eye there

あっという間に 1 日が過ぎた。

 in the blink of an eye を直訳すると「まばたきするあいだに」、
つまり「あっという間に」ということ！
in a second「秒で」と合わせて覚えておこう♪

I LOOOVE thrill rides!!

絶叫系大好きすぎる！！

 love を LOOOVE と強調することで、見た目にも「大好きさ」が伝わるよね。
ride には「乗る」という動詞もあるけど、ここでは遊園地の「乗り物」のこと！

Bought the ears I'll never wear outside

どうせ中でしか使わない耳買った。

 直訳すると「園外では絶対に着けないだろう耳を買った」となります。

The roller coaster ride was too scary

ジェットコースター怖すぎた……。

「ジェットコースター」は和製英語だから、ネイティブには通じません。
英語では roller coaster というよ♪

The view from the Ferris wheel was beautiful! ✨

観覧車からの景色がキレイだった！

the view from「〜からの景色、眺め」は日記でよく使う表現。
「観覧車」を Ferris wheel と呼ぶのは、最初に観覧車を作った Ferris さんの名前に由来するんだって！

Splash Fountain got me soaking wet. Haha 😊

スプラッシュ・ファウンテンめっちゃ濡れた（笑）。

get は「〜にさせる」、soaking wet は「びしょ濡れで」の意味！
Haha は「ハハハ」という笑い声を表しています。

I def like here better than any other amusement parks 😳

やっぱりこの遊園地がいちばん好き。

def は definitely の略で「本当に」っていう意味。
直訳すると「ほかのどの遊園地よりもここが好き」ということ。

We got to enjoy lots of rides cuz it wasn't too crowded 😌

そこまで混んでなくてたくさん乗り物楽しめた。

cuz は because「〜だから」の短縮系です。「混んでいる」という意味の
crowded は、遊園地だけでなくカフェやレストランでも使えるから覚えておこう♪

Was beautifully lit up ✨

キレイにライトアップされてた。

lit up は light up「〜を照らし出す」の過去分詞形。
Was beautifully illuminated. でも似たような意味になるよ。

We had fun till closing time 😄

閉園まで楽しんだ。

「〜まで」という意味の till や until は、期限を伝えたいときによく使われます。
closing time「終了時刻」の反対は opening time「開始時刻」。

Joined the Flower Festival they hold annually

年に一度開催されるフラワーフェスティバル行ってきた。

annually は「一年に一回」の意味で、once a year とも表現できるよ。
形容詞の annual を使って annual event「年に一度のイベント」としても OK！

Went to their free in-store event••

無料で見れるインストアイベント行ってきた。

この free は「無料の」という意味。
日本語でも「フリーイベント」って言ったりするよね？

There was a flea market by my place! 💕

家の近くで蚤の市やってた！

flea market は「蚤の市」「フリーマーケット」のこと。
この by は「〜の近くで」、my place は「自宅」の意味だよ♪

Took part in bon odori 😉

盆踊りに参加したよ。

take part in で「〜に参加する」って意味！
シンプルに 1 語で伝えたいときは join を使ってね♪

Participated in a marathon! 🔥

マラソン大会に出場した！

participate in も「〜に参加する」という意味。
in を忘れがちなので注意！

Went to an escape room w my BFF! 😉

大親友と脱出ゲーム行ってきた！

「〜と一緒に」という意味の with は、w や w/ と省略されることがあります。
くだけた感じが出せる書き方なので、日記にぴったり！

new post!

We got to feed the capybaras 😻

カピバラにご飯あげれた。

feed は「〜に餌をあげる」って意味!
餌やり体験コーナーがある施設を訪れたときに使ってみてね。

Wanted to take those otters home!! 😭 💕

カワウソ家に連れて帰りたかった〜!!

take 〜 home で「〜を家に連れていく」の意味。
home は「家に」という意味の副詞だから、前に to を置く必要はありません。

Got to hold a koala in my arms 💕

コアラ抱っこできた。

hold は「〜を持つ、抱える」という意味。
hold in my arms「腕の中に抱える」は、つまり「抱っこする」ということだよ!

They were so fluffy and warm omg so cute!! 😭 💕

ふわふわであったかくて超可愛かった!!

fluffy は「ふわふわ」という意味の形容詞♪

Got to interact with many kinds of animals! 😎

いろんな動物と触れ合えた!

interact with で「(コミュニケーションをとりながら)触れ合う」ということ!

The white tigers were just so scary 😵‍💫

ホワイトタイガー怖すぎた。

scary は「怖い」という意味。
ここでは just や so を使って怖さを強調しています。

They were SO CLOSE! ••

めっちゃ近くで見れた!

「近い」って意味の形容詞 close は、「クロウズ」ではなく「クロウス」のように
濁らない発音だから注意!

Their sea lion show was so impressive!

アシカショー感動した!

impressive は「印象的な、感動的な」という意味。ちなみに「アシカ」を英語で sea lion と呼ぶのは、オスにライオンのようなたてがみがあるからなんだって!

Couldn't make it to the dolphin show

イルカショー間に合わなかった。

この make it to は「〜に間に合う」という意味。
make it や make it to にはいろいろな意味があるから、文脈から判断しよう!

Those tunnies made me hungry. Lol

マグロ見てたらお腹減った(笑)。

「マグロ」は英語で tunny や tuna と呼びます。
make は「人を〜にさせる」という意味で、「マグロが私のお腹を空かせる」、
つまり「マグロを見てたらお腹が減った」ということ。

The park was full of families ✨

家族連れ多かった。

full of は「〜でいっぱい」という意味。
場所や施設が主語になることに注意!

It was like we had the whole place to ourselves 😌

ほぼ貸切状態だった。

直訳すると「その場所まるごと独り占めしているみたいだった」ということ。

This pic is growing on me. Lol 😄

この写真、ジワる(笑)。

grow on には「(感情などが)だんだん大きくなる、募る」という意味があります。
「見ていた写真がだんだんと自分のなかで大きくなっていく……」というイメージ
から、「ジワる」という訳にしてみました。

Went to feel art●●

アートに触れてきた！

この feel は「〜に触れる、〜を感じる」といった意味。
feel の代わりに experience「〜を体験する」を使っても OK！

Was so fantastical✦

めっちゃ幻想的だった〜。

fantastical は「幻想的」という意味。同じ表現ばかり使うとマンネリしちゃうから、
同じく「幻想的」という意味の magical や mystical と一緒に覚えておこう♪

I feel inspired! ✦

インスピレーションになった。

inspire は「〜を鼓舞する、〜にひらめきを与える」という意味。
日本語でも「インスパイアされた」っていうように、
人が主語になるときは inspired と過去分詞形を使います。

It was sensational

刺激的だった。

sensational は「世間を驚かせるような、すばらしい」という意味のほかにも、
「人騒がせな」というマイナスの意味があります。
日本語でも「センセーショナルな問題作」みたいにいうから覚えやすいね♪

Was such a wonderful space✦

ステキ空間でした。

「ステキ」はほかにも awesome や great を使ってみよう。
できるだけいろんな単語を使ってみるのが "こなれ感" のコツだよ♪

I don't know much about it, but it was so good✦

詳しくはわからないけど、すごくよかった。

現代アートには、感想をどう伝えたらいいか難しい作品もあるよね？
そんなときは、「詳しくはわからないけど……」のように前置きしてみよう。

new post!

Drinking beer while watching the game in person is soooo awesome!🍺💕

生観戦中のビール、最高〜！

while は「〜のあいだ」という意味。while watching the game in person の game は「試合」、in person は「生で、直接」という意味だから、直訳すると「生で試合を見ているあいだ」ということ！

Went to watch the opening game••

開幕戦見てきた。

試合を観戦するときは、「なんとなく見る」ニュアンスの look や see ではなく、「注目してしっかり見る」ニュアンスの watch を使うよ！

Was my first time watching the game at the stadium✨

初めてスタジアムで試合観戦した。

It is my first time -ing. で「初めて〜する」という意味になるよ！
for the first time「初めて」と合わせて覚えておこう♪

Mitoma did an amazing job!😎

三笘選手がすごい活躍してた！

do an amazing job「大活躍する」は、日常会話でも褒め言葉として使えるよ！
Mitoma's play was amazing. のように言い換えても OK。

Was rooting for Japan in Doan's jersey!😛

堂安選手のユニフォームで日本の応援した！

root for は「〜を応援する」、in は「〜を着て」という意味。
サッカーのユニフォームは jersey で伝わるよ！

Couldn't take my eyes off Sasaki🤩💕

佐々木選手から目が離せなかった。

take my eyes off で「〜から目を離す」という意味。
例文のように否定の表現を置けば、「目を離すことができないくらいすごかった」
というニュアンスを伝えられます♪

Carp vs. Giants!🔥

カープ対巨人戦！

A vs. B. または A v. B. で「A 対 B」ということ。
vs. と v. は versus の略だよ。

I hope they'll make it to first place! 🔥

このまま優勝してほしい！！

make it to は「うまくやる」という意味から「～に間に合う」「～に参加する」など様々な意味になります。ここではうしろに first place「優勝、第1位」があるので、「優勝にたどり着く」、つまり「優勝する」という意味。

Hope they'll win next time! 😫

次こそ勝ってほしい！

応援したチームが負けちゃっても、例文のように次への希望を伝えれば暗くならずポジティブな日記にできるよ！
「～を願う」という意味の hope は、主語なしで使われることが多い動詞です。

It was a tie 😑

引き分けだった。

tie は「ひも」のこと。1本のひもを綱引きのように両側から引っ張っているところをイメージすれば、「引き分け試合」という意味も覚えやすいね♪

Congratz on the victory from behind! 🔥

逆転勝利おめでとう！

congratz は congratulations の略で、「おめでと！」くらいの軽いニュアンス。
「逆転勝利」は victory from behind や come-from-behind victory です。
日本語でも相手チームに負けてるときに「ビハインド」っていうよね！

Guhhhhh we lost!! 😫

負けた、悔しすぎ！！

Guh は悔しいときや落ち込んだときに使う間投詞。
lost は lose「負ける」の過去形だよ♪

Was such a close game! 🦌

めちゃくちゃ接戦だった！

「近い」という意味の形容詞 close を使えば、
close game で「接戦」という意味になります。

new post!

Went bowling after drinking😎

飲み会のあと、ボウリング行ってきた。

 after のうしろが drinking と動名詞の形になっていることに注意！
このように動名詞を置いてもいいし、after we drank「飲んだあとに」
のように〈主語＋動詞〉をつづけてもいいよ！

I kept getting gutter balls

ずっとガーターだった。

keep doing で「〜しつづける」という意味！
ボウリングのガーターは、「溝、側溝」という意味に由来しています。

Just bowled a strike for the first time!!

初めてのストライク！！

bowl は「ボウルを投げる」という意味。
「ストライクを取る」は get a strike や score a strike とも表現できるよ！

My score sucked. Lol

へなちょこスコアだった（笑）。

suck は「最悪だ」という意味の動詞。ネイティブは日常会話でもよく That sucks!
「最悪！」のように使うけど、俗語なのでフォーマルな場面では使わないように注意！

Darts after drinks. Classic, right?

飲んだあとはやっぱりダーツでしょ。

classic は「昔ながらの」とか「標準的な」って意味。この right は同意を求める
表現だから、合わせると「これが標準でしょ？」みたいなニュアンスになるよ♪

I never knew darts was this FUN!

ダーツの楽しさに気づいた！

直訳すると「ダーツがこんなに楽しいなんてまったく知らなかった」ということ。
I didn't know ではなく I never knew とすることで「これまで全然知らなかった」
というニュアンス♪

Couldn't hit the board at all. Haha

全然ボードに当たらなかった（笑）。

not 〜 at all で「まったく〜しない」という意味。
否定を強調したいときに使える便利な表現だから、覚えておこう♪

Went to karaoke by myself for the first time in a while! 😎

久々のヒトカラ！

「ひとりで」といいたいときは、うしろに by myself をつけるだけで OK。
Went on a trip by myself. 「ひとり旅した」みたいに使うよ♪

My go-to song is "First Love" by Utada Hikaru 💕

私の十八番は宇多田ヒカルの『First Love』。

go-to はパッと見だと動詞に見えるかもだけど、「いつもの」という意味の形容詞！
go-to cafe「いつものカフェ」のように、いろんな場面で使えるよ♪

I got a great score! 🔥

高得点ゲット！

カラオケやボウリングなど、点数がつくゲームで遊んだときに使ってみよう。
点数が低かったときは I got a low score. といいます。

Karaoke with the squad 😄

いつメンとカラオケ！

「カラオケ」は日本で発明されて海外に広まったから、
英語でもそのまま karaoke で通じちゃいます！

Aki was such a PRO 🦌

アキちゃんがプロ並みだった。

本物のプロじゃなくても、such a をつけることで「プロくらいすごい」という
ニュアンスが出せるよ♪

We got so HYPED! 😊

みんな超盛り上がってた。

hyped は「テンションが高い、興奮した」という意味。
excited でもいいけど、こっちのほうがネイティブっぽく見えるよね♪

new post!

Birthday dinner at a stylish restaurant

おしゃれなレストランで誕生日ディナー。

 「おしゃれな」にあたる英語はいろいろあるけど、stylish は「洗練された」とか「今っぽい」みたいなニュアンス!

Their special hamburger steak really hit the spot 😋

特製ハンバーグステーキ、ほっぺ落ちた。

hit the spot は「すごく美味しい」という意味。
「口のなかでとろける」といいたいときは、melt in my mouth を使ってみて♪

I could eat this EVERYDAY! 😂

これ、毎日でも食べられるわ。

could eat は現実にはありそうにないことを表す仮定法の表現。
「現実離れした話だけど、毎日でも食べられるくらい美味しい」というニュアンス♪

It was just so YUMMMMMM 😋

とにかくめっちゃ美味しかった〜。

yum は yummy や yum-yum と同じく「美味しい」って意味。
語尾を伸ばして美味しさを強調しています。

Was so nice and spicy 😋

スパイスが効いて美味しかった。

この nice は「美味しい」の意味。spicy と聞くと「辛い料理」をイメージする
かもだけど、辛くなくても香辛料が効いた料理に使われるよ♪

I recommend the fish and chips 😉

私のオススメはフィッシュ・アンド・チップス。

recommend は「〜をオススメする」という意味の動詞。
行きつけの店の料理を紹介するときに使ってみてね♪

It has such a great texture 😋

食感がとってもよかった。

この texture は「食感」の意味。
such は「とても」のように強調の意味でも使えるよ♪

Their organic salad was nice and fresh

有機野菜のサラダ、新鮮で美味しかった。

organic は「有機栽培の」という意味で、自然由来の肥料を使って育てること。
日本語でも「オーガニック野菜」っていうよね♪

They have a good drink menu too

お酒のメニューもよかった。

主語の They はお店の人たちのこと。
drink には「飲み物」のほかにも「お酒」という意味があります。

The dinner was such a treat! 😎

贅沢なディナーでした!

この treat は「ごちそう」という意味。
treat には「~におごる、ごちそうする」という意味の動詞もあります。

So full after their full-course menu. *burp* 😄

フルコース料理で満腹。ゲフッ。

この full は「お腹いっぱい」ということ。
burp は「ゲップ」の意味で、アスタリスク (*) で囲むことで効果音を表せるよ♪

I feel like having some ice cream! 😋

アイスが食べたい気分!

feel like -ing で「~したい気分」を表せるよ♪
ice cream は不可算名詞だから、複数形にならないことに注意!

Well, you know I just love spicy food, right? 😉

ほら、私って辛い食べ物好きじゃん?

you know は直訳すると「あなたも知ってるように」ということ。
「そうですよね?」の意味の right と同じく、相手に同意を求めるときに使えるよ!

new post!

I started jogging! 🔥

ジョギング始めたよ!

 start doing は「〜を始める」という意味。
「ジョギング」は「ゆっくり走る」という意味の動詞 jog に由来します。

Was just walking around my house ✨

ちょっと家の近く歩いてみた。

walk around で「〜のまわりを歩く」の意味。
「散歩をする」といいたいときは、take a walk や have a stroll を使ってみて♪

Just saw a really cute puppy on the way 🥺 💕

途中でめっちゃ可愛い犬見かけた。

「犬」といえば dog を思い浮かべる人が多いだろうけど、「子犬」や「わんこ、
わんちゃん」みたいに可愛らしいニュアンスを出したいときは puppy を使おう。

Started walking to lose weight 🔥

ダイエットのためにウォーキングはじめた。

lose は「〜を失う」、weight は「重さ、体重」の意味。
to lose weight で「体重を減らすために」、つまり「ダイエットのために」。

I hope I can keep up with it 👍

毎日コツコツ頑張りたい。

keep up は「頑張りつづける」という意味。
Keep it up!「頑張れ!」のように、誰かを応援するときにも使えるよ!

I'm feeling refreshed mentally & physically 😌 ✨

心も体もリフレッシュできた。

mentally は「精神的に」、physically は「肉体的に」の意味。
セットで覚えよう!

I hurt my ankle … 😭

足首を痛めた。

hurt は「〜を痛める」という意味の動詞。
現在形でも過去形でも過去分詞形でも、すべて同じ hurt だよ。

Got motivated with my new running shoes!

新しいランニングシューズでモチベ上がった。

シューズを主語にして My new running shoes motivated me. でも OK。
motivate は「〜のモチベーションを高める」という意味の動詞。
人が主語の場合は、I'm motivated.「モチベ上がった」と過去分詞形を使うよ♪

I'm a morning runner. / I'm an evening runner.

ランニングするなら朝派。／夜派。

直訳すると、「私は朝に走る人です」「夜に走る人です」ということ。
「〜派」を英語で伝えるのがむずかしいときも、工夫すればこんなふうにシンプル
に表現できるよ♪

I run 2 km every day for health 😎

健康のために毎日 2 キロ走ってる。

習慣的な動作を表すときには、例文の run のように現在形を使います。
km は kilometer の略。

Cut my time down by 30 sec! Yayyyy 😁

やった、タイムが 30 秒縮まった！

cut 〜 down は「〜を縮める」の意味。by は差を表す前置詞だから、
by 30 sec で「(これまでのタイムと比べて) 30 秒縮まった」ということ。

My body felt so heavy running for the first time in a long time ... 😵

久しぶりに走ったら、体めっちゃ重かった……。

running は「走りながら」の意味。for the first time in a long time は
「長い時間のあとではじめて」、つまり「久しぶりに」ということ。

Today, I ran damn 15 km. Ikr? 😁

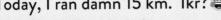
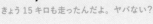

きょう 15 キロも走ったんだよ。ヤバない？

ikr は I know, right? の略で、「そうでしょ？」「だよね？」のように同意を求める感じ！

Hit the gym today😎

きょうはジムに行きました。

「ジムに行く」はわかりやすく go to the gym でも大丈夫だけど、
hit the gym というフレーズを使うと一気にこなれた印象になるよ♪

Did sit-ups 30 reps! 🔥

腹筋 30 回やった！

「上半身を起こす」という意味の sit up から転じて、sit-up は「腹筋運動」の意味。
rep は「繰り返し」を意味する repetition の略だよ♪

Went for a free trial😎

無料体験に行ってきた。

いろんな意味がある go for だけど、ここでは「〜のために出かける」という意味。
「無料レッスンを受けた」といいたいときは、Took a free lesson. で OK！

I've been gaining muscle 🔥

筋肉ついてきたな〜。

「筋肉がつく」といいたいときは、gain muscle や build muscle と表現します。
「筋トレ」は英語でもそのまま muscle training！

Gonna get the six-pack abs! 😤 🔥

シックスパック目指すぞ！

gonna は going to のスラングで「〜するつもり」という意味。
「シックスパック」は six-pack abs でも washboard abs「洗濯版のような腹筋」
でも OK！ abs は abdominal muscle「腹筋」の略だよ。

Today's leg day! 😜

今日は足を鍛える日！

直訳すると「今日は足の日です」。
leg のところに鍛えたい部位を入れて使ってみよう♪

Doing Pilates while watching YouTube 😌

YouTube 見ながらピラティス。

while doing で「〜しながら」という意味。
Pilates の名前の由来は、ピラティスという人が考案したからなんだって!

It's been 10 days since I started my workout! Yay 😎

やった、筋トレ始めてから 10 日経った!

It's been 〜 since ... は「…から〜が経った」と時間の経過を表す決まり文句。
【継続】を表す現在完了の文だよ。

Getting toned up a bit! 😉

ちょっと体引き締まってきた!

ここでの tone up は「継続的な運動で筋肉をつける」「体を引き締める」の意味。
筋トレの成果を伝えたいときに使ってみよう!

Getting slimmer little by little! 😌

すこしずつ痩せてきた!

こちらも筋トレの成果を伝えたいときに。
little by little「すこしずつ」や day by day「日ごとに」などのフレーズは、
運動のように毎日つづける習慣と相性ばつぐん!

Starting my morning by meditating … 😑 ✨

朝は瞑想から……。

直訳すると「瞑想によって私の朝を始める」ということ。meditating のところを
ほかの習慣に置き換えれば、簡単にモーニングルーティンを伝えられます♪

It's important to better understand myself ✨

自分と向き合うことが大切。

It's 〜 to do. は、「…することが〜だ」という意味の使いやすいフレーズだよ!
better understand は「よりよく理解する」、つまり「理解を深める」ということ。

new post!

A great weekend with some soothing nature ✦

自然に癒された週末。

soothing は「落ち着かせるような、慰めるような」という意味。
直訳すると、「癒やしてくれる自然がある週末」ということ。
名詞だけで文を終わらせるとこなれた感じが出せるから、マネしてみてね♪

Went camping in Nasu 😊

那須にキャンプ行ってきた。

go camping で「キャンプに行く」という意味。
go fishing「釣りに行く」や go shopping「買い物に行く」と一緒に覚えておこう♪

Was warm hiking weather for November 😊

11 月なのにあったかくてハイキング日和だった

Was の前には天候を表す主語の It が省略されています。
この for は「〜にしては」という意味の前置詞。
直訳すると、「11 月にしては暖かいハイキング向きの天候だった」ということ！

My first time fancy picnic! 💕

初めてのおしゃピク！

fancy は「高級な、豪華な」「おしゃれな」などの意味で使えるよ！

The water was so clear and nice 🥺

水が透き通ってて綺麗だった。

clear には「綺麗な、透明な」などの意味があります。
川や湖の美しさを表現するときに使ってみて♪

Got a tan! / Got tanned! 😎

日焼けした。

tan あるいは suntan は、「軽い日焼け」「日焼けした小麦色」のこと。
「肌が赤くなるような日焼け」は sunburn で表します。
ちなみに、「日焼け止め」は sunscreen だよ♪

Such fresh air! 😭 💕

空気が美味しい！

fresh air は「新鮮な空気」のこと。
日本語でも新鮮なサラダを「フレッシュサラダ」っていったりするよね。

So this is the spiritual place they were talking about huh

ここが話題のパワースポットか。

they were talking about は「みんなが話してる」くらいの意味。
文末に huh? をつけると、「〜なんでしょ?」と同意を求めるニュアンスが出るよ♪

Was so sunny I got to see everything CLEARLY••

晴れてたからぜんぶ見渡せた〜。

so 〜 that ... 構文で、sunny のあとの that が省略された形だね!
直訳すると「とても晴れていたので、なにもかもクリアに見えた」ということ。

It's been a while since my last tent stay!

久しぶりのテント泊。

It's been は It has been の略で、現在完了。It has been a while since 〜 . は「〜以来しばらく経った」、つまり「久しぶりの〜」ということ!
since のうしろには〈主語＋動詞〉をつづけることもできるよ。

Woke up early to make my bento box

早起きしてお弁当作った。

wake up は「目を覚ます」の意味。
「〜するために」と目的を伝えたいときは、〈to＋動詞の原形〉をプラスしよう。

Food tastes better in nature

自然の中で食べるご飯は美味しさ倍増。

「美味しい」は taste good で表せるけど、good を比較級の better にすることで「(普段食べているご飯より) さらに美味しい」という意味になるよ♪

Curry is the best camping food, right?

カレーって最強のキャンプ飯だよね。

文の最後に right? を置くだけで「あなたもそう思うでしょ?」と同意を求められるよ。
疑問符がついてるけど、実際に質問しているわけではありません!

Watched the fire and felt comforted ●●

たき火を眺めて癒やされた。

「たき火」はシンプルに fire で通じるよ。
comforted「心が慰められた、和んだ」は癒やされたときに使ってみて♪

Got mosquito bites 😫

蚊に刺されちゃった。

「蚊」は mosquito で「噛むこと」は bite だから、
「蚊に刺される」はこんなふうに表現できるよ!

Wanna try glamping someday 😌

いつかグランピングやってみたいな。

wanna は want to のスラングで、「〜したい」という意味。
フォーマルな場面では I'd like to try glamping someday. のように使いわけよう。

The views feel different each time I hike the same mountain 😌

同じ山でも登るたびに違う景色に感じられる。

each time はうしろに when が省略されていると考えよう。
直訳すると、「同じ山に登るときは毎回、景色が違って感じられる」ということ。

Beautiful autumn leaves all around ✨

一面に広がるキレイな紅葉。

「紅葉」なら autumn leaves や colored leaves、「落ち葉」なら fallen leaves
を使おう。all around は「四方に、一面に」という意味です。

I need more friends to hike with! 😎

ハイキング仲間募集中!

直訳すると「一緒にハイキングしてくれる友だちがもっと必要だ」ということ。
「ハイキング仲間」はシンプルに hiking friends でも OK だよ♪

new post!

Onsen day! It was refreshing.

温泉デー！　疲れ取れた。

 refresh は「〜をリフレッシュさせる」という意味の動詞。
人が主語のときは I was refreshed.「リフレッシュできた」のように、
受け身の形になるよ！

Their outdoor bath was WONDERFUL

露天風呂すごくよかった。

「露天風呂って何?」って思って書く手が止まっちゃうかもだけど、「外にあるお風呂」って置き換えれば outdoor bath で通じちゃいます!

They got various types of baths••

いろんな種類のお風呂があったよ。

主語の They は特定の人を指すわけではなく、「旅館の人たち」くらいの意味。「その旅館はいろんな種類のお風呂をもっていた」と考えれば、got のところは had にしても OK だよ!

It warmed me up

体あったまった。

warm は「暖かい」という意味の形容詞として使われることが多いけど、例文では warm up で「〜を温める」という意味です。日本語でも準備運動のことを「ウォームアップ」って呼ぶよね♪

It made my skin smooooooth

肌すべすべになった。

smooth は「滑らかな」という意味。o をたくさん重ねることで、肌がすべすべになった感動を伝えているよ♪

My beer after the onsen was the BEST

温泉からのビール最高だった。

Beer after ... でも伝わるけど、My beer にすることで「今回飲んだビールは特に最高だった」というようなニュアンスが出せるよ♪

Feels like I come here once a week ...

週1でここ来てる気がする……。

「週1で」は once a week と、「週2で」は twice a week と表現します。ちなみに「2週間に1回」は、once every two weeks だよ♪

Sauna time! Was so damn HOT!!

サ活した！　マジ熱かった！！

 damn はここでは「すごく、ひどく」くらいの意味。
大文字の HOT と一緒にサウナの熱さを強調しているよ。

I sweated tons. Was a good detox time 😋

めっちゃ汗かいた。デトックスできた。

 sweat は「汗」と覚えてるかもだけど、ここでは「汗をかく」という意味の動詞。
洋服の「スウェット」もこの単語から来ていて、英語では sweatsuit というと
「スウェット上下」を指すよ♪

My sauna hat I bought recently 😎

さいきん買ったサウナハット。

 I bought recently は「さいきん買った」という意味で、
うしろからどんなサウナハットかを説明しています。

Need. Sauna. Now. 😠

サウナイキタイ。

 ピリオドで単語を1つずつ区切った珍しい書き方！
もちろん Wanna go into a sauna so bad. とかでも伝わるけど、
こっちのほうが「サウナに行きたすぎて暴走してる感じ」が出てるよね!?

From an 80 degree sauna to a 15 degree cold bath! 😫

80℃のサウナからの 15℃の水風呂！

 from A to B は「A から B まで」という意味の決まり文句！
from 9 to 5 なら、「9時から5時まで」ということ。

Feeling so invigorated 😌

マジ整った。

 「整う」には「活性化した」という意味の invigorated や revitalized を使ってみよう。
スペルが難しいけど、さらっと使えたらカッコいい！

Got a massage! 😋

マッサージしてもらった！

逆に「マッサージをしてあげる」といいたいときは、give a massage だよ！

The massage was just too good. 😌

マッサージ気持ちよすぎた。

「〜すぎる」と伝えたいときは、形容詞や副詞の前に too をつけてみて。
too はネガティブな場面で使われることが多いけど、よいことも強調できるよ♪

Their aromatherapy massage was AWESOME 😭

アロマオイルのマッサージ最高。

「すごい、すばらしい」などの意味をもつ awesome を大文字にして、
こなれ感を出してみよう♪

Spa day for the first time in a while 💕

ひさびさのスパの日。

for the first time は「はじめて」、in a while は「しばらく」だから、
あわせて「久しぶりに」という意味になります。

Highly recommend this spa 😔

ここのスパ、めっちゃよかった。

recommend は「〜をオススメする」という意味の動詞。
副詞の highly で強調して、「超オススメ」というニュアンスでよく使われるよ！

My body feels much lighter! 🦌

めっちゃ体軽くなった〜！

much は「とても」という意味の副詞で、比較級の lighter を強調しています。
比較級を強調するには、by far lighter や way lighter などとしても OK ！

new post!

I started going to a cooking class 🎉

料理教室に通い始めたよ。

start going to で「〜に通い始める」ということ。
cooking class「料理教室」や yoga class「ヨガ教室」のように、
class は学校の授業だけじゃなく、習い事の「〜教室」も表せるよ♪

Was nervous at first but people were so nice there

最初は緊張したけど、みんな優しかった。

「緊張した」は英語で nervous。日本語でも「ナーバスになる」っていうよね！
at first は「最初は」という意味で、そのあとで状況が変わったときに使います。

Learned how to make lasagna today

きょうはラザニアの作り方を習ったよ。

how to make lasagna は「ラザニアをどう作るか」、つまり「ラザニアの作り方」！
how to 〜 は便利な表現で、how to study とすれば「勉強方法」、
how to handle とすれば「取扱方法」というように、「方法」を表現できるよ！

Just cooked this watching the recipe on YT

これ、YouTube でレシピ見ながら作ってみた。

watching 以降は「〜を見ながら」という意味で、同時に複数の動作を行うときは
このように動詞の -ing 形を使います。YT は YouTube の略！

Just add the ingredients to my breadmaker, and it's DONE!

材料を入れるだけで、ホームベーカリーが仕上げてくれます。

ingredient は「料理の材料」のこと。
料理ができたときは It's done!「完成！」を使ってみてね♪

So fluffy, it was hard to cut

ふわふわすぎて、切るのに一苦労。

fluffy は「ふわふわした」という意味。hard には「固い」「難しい」「一生懸命に」
などいろんな意味があるけど、ここでは「難しい」の意味！

Did some cooking this morning to make my bento box

きょうはお弁当作りで朝から料理。

this morning は「この朝」、つまり「きょうの朝」って意味だから、today は不要！
to make my bento box で「お弁当を作るために」ということ。

The ginger flavor is the key! 😎

ショウガの風味がポイント！

key は「鍵、秘訣」などの意味。
日本語でも「〜が鍵」とか「〜がキーポイント」っていったりするよね♪
料理の隠し味を伝えたいときは 〜 is the key. を使ってみよう。

It's easy & tasty! 😋

お手軽だし美味しい！

easy は「（作るのが）簡単な」、tasty は「美味しい」の意味。
どちらも簡単な単語だけど、アンドでつなぐだけでカッコよく見えるよね♪

Started knitting recently 😎

さいきん、編み物始めたよ。

knit は動詞で「編み物をする」、名詞で「編み物」の意味。
日本語の「ニット」を思い浮かべると覚えやすいよね♪

Been making a beanie for a week 😉

ここ1週間、ニット帽を作ってる。

I have been making ... という現在完了進行形の文の、I have を省略したもの。
「ここ1週間ずっと作り続けている」という【継続】を表しています。
beanie は縁のないニット帽で、冬の欧米にはビーニーをかぶってる人が多いよ！

Love my slow handicraft time 😊

のんびり手芸する時間が好き。

Love のうしろに好きな物を置くだけで、趣味や嗜好を伝えることができるよ。
slow は「のんびりした」、handicraft は「手芸、手芸品」のこと。

Doing crafts with my daughter over summer break 😄

娘と一緒に夏休みの工作！

「工芸、手芸」の意味をもつ craft ですが、ここでは「工作」という意味。
summer break は「夏休み」だよ♪

Recently, I started my English study 😎

さいきん英語の勉強始めたよ。

I started my English study の study は動詞ではなく名詞だよ。
I started studying English としても OK！

Got asked about what I'm into at my eikaiwa class today 😑

きょうの英会話の授業で、趣味について聞かれた。

was asked「聞かれた」と同じような意味で got asked を使っているよ。
what I'm into は直訳すると「私が何にハマっているか」、つまり「趣味」！

I found that it's important to speak to learn English 😨

英語を学ぶには話すことが大事だってわかった。

find は「〜だとわかる」という意味。it は to speak「話すこと」を指しているよ。
to learn English は「英語を学ぶためには」の意味で、目的を表す to 不定詞♪

This week's lesson was quite meaningful 😉

今週のレッスンはかなり有意義だった。

この quite は「かなり」の意味で、「思っていたよりも程度が高い」というニュアンス。
meaningful は meaning（意味）＋-ful（〜がいっぱい）、つまり「有意義」。

Got 50 more points than last time on the TOEIC!! Yayyyy 😎

TOEIC、前回からスコア 50 アップ！　やったー！

「〜点を取る」は get 〜 points と表します。
資格試験の結果を伝えるときに使ってみてね♪

Wanna be able to speak French by next year FOR SURE! 😖

来年こそは絶対にフランス語が話せるようになりたい。

be able to do は「〜できる」、for sure は「確実に、確かに」という意味だよ。

Was easier than I thought! 👍

意外と簡単だった！

直訳すると「私が考えていたより簡単だった」ということ。
〈比較級＋than I thought〉は「思ったより〜、意外と〜」という意味の便利な
決まり文句だから覚えておこう♪

Got a new mirrorless camera! Yay😎

新しいミラーレスカメラを手に入れた！

新しいアイテムを手に入れたときは、Got a new 〜 . を使ってみてね。
Yay「イェイ」を文の終わりにつけると、カジュアルな印象になるね♪

Hard to take pics how I want 😵‍💫

自分の思うように写真を撮るのは難しい。

It is hard to take ... の It is を省略した形。
how I want で「自分がやりたいように」という意味になるよ！

Did a maple leaves photoshoot!✨

モミジの写真撮ったよ！

photoshoot は「写真撮影」の意味。
photo は「写真」、shoot は「（写真や映画を）撮影する」だから、覚えやすいね♪

Got so many pix, I don't know which ones to upload 😑

写真が多すぎて、どれを載せるか迷うな〜。

「〜すぎて…だ」という意味の so 〜 that ... 構文で、that が省略された形。
「迷う」は「わからない」と置き換えて、don't know を使っているよ♪

The natural light makes it look BEAUTIFUL✨

自然光で映える。

この make は「物を〜にする」という意味。
直訳すると、「自然光がそれ（被写体）を美しく見せる」ということ。

This illustrator's works are JUST MY TYPE! 😎

このイラストレーターさんが描く作品、超タイプ！

この works は「作品」という意味の名詞。「タイプ」は英語でも type を使うよ！
He is kind of my type.「彼、ちょっとタイプかも」みたいに使ってね♪

Just found a great iPad app for illustration 😳

イラスト描く用に使える iPad のアプリ発見。

スマホなどの「アプリ」は app で。
本当は application だけど、長いから日常会話では app と略すことがほとんど！

Gotta practice piano for the next lesson 😲

次のレッスンに向けてピアノの練習頑張らなきゃ。

gotta は got to のスラングで、「〜しなきゃいけない」という意味。
have to とほぼ同じ意味だけど、gotta のほうがカジュアルな場面で使われるよ！

Studying for the ACE! 😎

アロマ検定のために勉強中！

ACE は Aromatherapy Certification Exam の略。
長い語句を打つのが面倒なときは、こんなふうに略語を使っても OK ♪

2 weeks left till the national exam ...!

国家試験まであと2週間……！

「残り〜日」「残り〜週間」は、〜 days left や〜 weeks left で表します。
この left は leave の過去分詞形だから、直訳すると「2週間が残されている」、
つまり「残り2週間」ということ。

Gonna keep up without haste, but without rest 😉

焦らず急けず、頑張るのみ。

without haste, but without rest「急がずに、しかし休まずに」は
ゲーテのものとされる格言。
習い事や勉強を頑張っているときの決めゼリフに使ってみてね♪

new post!

Can't STOP turning pages! 😄

ページをめくる手が止まらない！

 「本のページをめくる」は turn pages といいます。
turn の「ひっくり返す」という意味から連想すれば覚えやすいかも！
ページをめくる手が止まらないほど面白い本を page-turner と呼ぶよ♪

Got the talked-about novel the second I found it!

話題の小説見つけて即買い!

直訳すると、「見つけた瞬間に話題の小説を買った」ということ。
talked-about は「話されている」、つまり「話題の」って意味!
second はうしろに〈主語＋動詞〉をつづけて「〜した瞬間に」と表現できるよ♪

The plot development was SO good

この展開、激アツだった。

plot は「物語の筋」、development は「展開、成り行き」などの意味だから、
組み合わせれば「物語の展開」というような意味になるよ!

Bought LOTS of comicsss

コミック大人買い!

lots of は a lot of と同じ「たくさんの〜」という意味。
lots を大文字に、comics の語尾を伸ばして、買った量を強調しています!

Getting more & more self-help books …

自己啓発本がどんどん増えてく……。

more and more は「ますます、どんどん」という意味。
self-help books は「自分を助ける本」、つまり「自己啓発本」のこと!

I love this movie SO MUCH, I also bought the novel

この映画が好きすぎて、小説版も買っちゃった。

「あまりに〜なので…」という意味の so 〜 that ... 構文から、that を省略した文。
これまで何度も登場した構文だけど、それだけ使いやすいってこと♪

Might as well check out some other mystery books

他のミステリー小説も読んでみようかな。

might as well は「せっかくだから〜したほうがいいかも」と控えめな推量を表すよ。
他の作品に手を伸ばそうとしているときに使ってみてね♪

I almost missed a great episode of Ametalk! PHEW 😂

アメトーーク！の神回見逃すところだった！ ほっ。

miss は「〜を見逃す」、almost は「危うく〜するところ」という意味。
phew は安心したときや疲れたときなどに「ふーっ」と息をつく感じの間投詞♪

Gotta stay up to watch it live! 🥺

夜ふかししてリアタイで見なきゃ！

stay up で「夜ふかしする、ずっと起きている」って意味！
「リアタイで」は live「生で」という副詞を使って表現してみました。

Just CAN'T WAIT to see how it's gonna go! 😭

この先どうなるのか気になって待てない！

gonna は going to の省略形。how it's gonna go は直訳すると
「それ（ドラマなど）がどんなふうに進んでいくか」ということ！

Feeling so impatient for Thursday every week 😊

毎週木曜日が待ち遠しい。

impatient は「我慢できないでいる」という意味。
毎週決まった日にドラマや漫画の最新話を見ているときに使ってみよう！

The final episode next week! SO SADDD … 😭

ついに来週は最終回！ 超悲しい……。

so も sad も大文字にして、さらに SADDD と語尾を伸ばすことで、
最終回の悲しみを最大限に強調しています。

Had the HARDEST laugh of the day! 😂

今日イチ笑った！

have a hard laugh で「大笑いする」の意味。この hard は「激しい」の意味で、
最上級の hardest にしてさらに of the day「その日のなかで」をつけることで、
「今日イチの大笑い」を表現しているよ！

This game is just SO FULL of BUGS omg😡

はー、このゲーム、バグ多すぎ。

大文字を多用してバグの多さを強調しています。
This game is buggy. のような表現もできるよ!

Was SO CLOSE to beating the boss …😑

あとほんのちょっとでボス倒せた……。

close to は「〜に近い」という意味!
この to は前置詞で、前置詞のうしろには名詞や動名詞がつづくから、
beating「やっつけること」という動名詞の形になってるよ!

Finally ranked up!🤩

やっとランク上がった!

rank up で「〜のランクが上がる」、rank down で「〜のランクが下る」の意味。
日本語でも「ランクアップ」「ランクダウン」っていうよね♪

Ain't the new character too strong?😠

新キャラ強すぎじゃね?

ain't はここでは isn't のくだけた表現。ain't には「〜じゃねえよ」みたいな
ぶっきらぼうなニュアンスがあり、どんな主語でも形を変えずに使えます。

Looking forward to their next update!😊

次回のアップデート楽しみ!

look forward to は「〜を楽しみにする」って意味!
この to は前置詞なので、うしろに動詞を置きたいときは動名詞にすることに注意!

My favorite character just got NERFED. This sux😡

好きなキャラがナーフされた。最悪。

nerf は「〜を弱体化する」の意味。
「弱体化された」と受け身になるので、過去分詞形の nerfed になっているよ!
sux は sucks「最悪だ」のスペルを書き換えたこなれ表現。

♥ ♡ ▷　　　　　　　　　　　　　　　　　口

Room makeovers are so REFRESHING😋

お部屋の模様替えって、すっごく気分転換になる〜。

makeover は「作り直し」や「改造」などの意味から転じて、
「模様替え」という意味でも使うことができるよ！
REFRESHING と大文字にすることで、感情を強調して伝えています。

Did a little room makeover todayyy!

きょうはちょっと模様替えしたよ！

 do a room makeover または have a room makeover で「模様替えをする」。
新しい部屋で過ごすワクワク感が、todayyy と伸ばした語尾から伝わってこない？

Planning for the next room makeover …

次の模様替えを計画中……。

 plan for で「〜の計画を立てる」って意味。
日本語でも計画のことを「プラン」っていったりするから覚えやすいね♪

Hmm, where should I place the bed?

うーん、ベッドの配置悩む。

 place と聞けば「場所」という名詞の意味が思い浮かぶかもだけど、
この place は「〜を配置する」という意味の動詞です。
「どこにベッドを置くべき？」と悩んでいるんだね！

This position for the rack doesn't feel right

このラックの位置がしっくりこない。

position は「位置、場所」の意味。この right は「正しい、適切な」の意味で、
直訳すると「ラックを置くための位置が正しいと感じられない」ということ！

Feeling like a DIY woodworker!

気分は DIY の木工職人！

 feel like を使えば簡単に「〜になった気分」と表現できるよ！
DIY は Do It Yourself の略で、いわゆる「日曜大工」のこと。

The new couch I bought

新調したカウチ。

 couch は「肘掛けつきの寝椅子」のことだけど、
ソファと同じようなものをイメージすれば OK。
ちなみに couch potato は「ソファに寝そべってテレビばかり見ている人」のこと！

Splurged on an OLED TV! 😎

奮発して有機 EL テレビ買った！

splurge は「散財する、贅沢する」などの意味。
OLED は organic LED、つまり「有機 LED」のこと。

Aimed for a Scandinavian style this time 😉

今回は北欧系を狙ってみた。

aim for は「〜を狙う」って意味。「北欧系の」が Scandinavian なのは、
北欧諸国が位置する場所を「スカンディナビア半島」と呼ぶことを思い出すと
当たり前だよね♪

Used beige & white tones 💜

ベージュと白を基調にしたよ。

beige「ベージュ」は意外とスペルが難しいから要注意！
「色調」という意味がある tone は、日本語でもカタカナでよく使うよね♪

Made a little shelf with the material from the DIY store 😎

ホームセンターで材料買って小さな棚を作ったよ。

「ホームセンター」は和製英語だから要注意！
英語では DIY store や home improvement store っていいます。

It took 5 days to make it 😵‍💫

作るのに 5 日かかった。

〈It takes ＋時間＋to do.〉は「〜するのに…かかる」と時間を伝える決まり文句。
この make it は「間に合う」ではなく、「それ（家具）を作る」の意味だよ。

Was getting bored of my walls so painted em over 😊

部屋の壁に飽きてきてたから塗り替えちゃった。

get bored of で「〜に飽きる」の意味。
so は「〜だから」と理由を表すカジュアルな表現。
em は them の略で、ここでは walls を指すよ♪

Not bad for a beginner, right? 😉

初心者にしては悪くなくない？

not bad はそのまま「悪くはない」という意味。「good ってほどじゃないけど、まあまあかな」ってときに使ってみてね♪ for は「〜にしては」という意味です。

The new indirect lighting was delivered 👏

新しい間接照明が届いた。

「間接照明」は indirect lighting。in- は「〜でない」と否定する接頭辞だから、in-「〜でない」+direct「直接の」=「直接でない」、つまり「間接の」の意味！

There are just too many things I want for my room 👀

自分の部屋用に欲しい物がありすぎる。

「〜がある」という意味の There are 〜 . 構文。so many things でもいいけど、too many things にすることで「欲しい物が多すぎる」というニュアンスが出るね！

My curtains I backordered from overseas!

海外からお取り寄せしたカーテン！

backorder は「〜を取り寄せる」って意味の動詞だけど、海外通販サイトを利用したことがある人は、「入荷待ち」という意味で見かけたことがあるかも。
from overseas は「海外から」ということ。

The room is getting completed 😎

部屋が完成してきた。

is getting completed と現在進行形にすることで、「完成しつつある」とか「まだ完成してはないけど完成に近づいている」というニュアンスになるよ♪

My favorite space! 😍

お気に入りの空間！

favorite は「お気に入りの」という意味で、fav と省略しても OK だよ！

My new bed is so comfyyyyy!

新しいベッド快適すぎ。

comfy は comfortable「快適な」の略。
comfyyyyy と語尾を伸ばして快適さを強調してます♪

This purchase totally changed my life!

これ買って 180 度生活変わった!

This purchase was a game changer! でもほぼ同じ意味になります。
game changer は「試合の流れを変える人」「大きな変化をもたらす人や物」
という意味で使われるよ!

Good cost performance

コスパよし。

「コスパ」はそのまま cost performance で OK!
Good value for money.「金額の割にいい価値がある」でも同じような意味だよ。

The Dyson dryer is such a timesaver

ダイソンのドライヤー、ほんと時短になる。

timesaver は「時間を節約してくれる道具や手段」のこと。
such は「とても」という意味だったよね♪

Here's the cleaning staff at my place

ウチのお掃除係がこちら。

Here's 〜. は「ここに〜がある」という意味で、
うしろに物を置けば「こちらが〜です」と紹介することができます。
この例文はロボット掃除機などの写真を添えて使ってみてね♪

Got a new house plant!●●

新入りの観葉植物!

「観葉植物　英語」で検索すると ornamental foliage plant がヒットするかも
だけど、実は house plant で十分通じます!
日本語でも難しい言葉より、短くて簡単な言葉が好まれることってあるよね♪

A new member is joining my green kingdom!

新入りちゃんを私の植物王国にお迎えしたよ!

join だけで「〜に入る」という意味なんだけど、
うしろに to とか into をつけちゃう人が多いから注意!
かなりコミカルな文だけど、たまにはこんな日記を書くと、にぎやかになるね♪

Isn't life better with greens?

緑がある暮らしっていいよね。

直訳すると「緑がある生活のほうがよくない?」ということ。
日本語でも「〜ってよくない?」みたいに話したりするけど、
質問してるってよりは同意を求めてるだけだよね。

Hope it'll grow well without wilting

しおれることなく育ちますように。

wilt は「しおれる」という意味の動詞。
without のうしろは名詞か動名詞だから、wilting という形になっています。

It's sprouting!

芽が出てきた!

sprout には「芽を出す」という動詞の意味や、「芽」という名詞の意味があります。
進行形にして、「芽を出しつつある」と発芽の最中なことを伝えているよ♪

This guy doesn't look so well …

この子、あんまり調子よくなさそう……。

日本語でも植物に向かって「この子」と呼びかけて愛情を示すように、
英語でも guy とか girl のような人を表す言葉をかけることがあるよ。

Plants need humidity just like us

人と同じで植物たちにも湿気が必要。

この like は「〜のように」という意味の前置詞。
直訳すると、「私たちとちょうど同じように、植物にも湿気が必要」ということ。

Watching Amazon Prime till I pass out

寝落ちするまでアマプラ見てる。

pass out は「寝落ちする」や「気絶する」、「酔いつぶれる」の意味。
「寝落ちする」は fall asleep でも OK !

Binge-watched a whole season! 😎

1シーズンまるごとイッキ見した!

binge には「熱中する、しまくる」という意味があるから、binge-watch で
「イッキ見する」ということ! 動画漬けの休日に使ってみて♪

Finally subscribed to Netflix ✨

やっとネトフリ加入した。

subscribe to は「〜に申し込む、〜を契約する」「定期購読する」などの意味。
日本語の「サブスク」は、名詞の subscription に由来しているよ♪

SPOILER ALERT! 😵‍💫

ネタバレ注意!

「台無しにする」という意味の動詞 spoil から転じて、spoiler で「ネタバレ」とい
う意味になります。alert は日本語のアラートと同じく「警報、警告」の意味。

Got into "Squid Game" so much! 🤩

『イカゲーム』にどハマり!

get into は「〜にハマる」という意味!
ちょっと堅い表現だけど、I'm obsessed with "Squid Game." でも OK !

Feeling the loss of the show … 😑

番組ロス……。

直訳すると「その番組を失ったことを感じている」ということ。
さいきんは日本語でも「〜ロス」っていうよね♪

Omg is it almost time for the new season of "Emily in Paris"? 😳

『エミリー、パリへ行く』の新シーズン、もうすぐやん!

あえて疑問文にすることで、信じられない気持ちやワクワク感を強調しているよ。
シリーズもののドラマが始まるタイミングで使ってみて♪

Netflix on my projector. BLISS 😌

プロジェクターでネトフリ。最高。

bliss は「至福、この上ない喜び」という意味!
ちなみに「知らぬが仏」は、英語で Ignorance is bliss. と表現します。

What show do you recommend? 😑

みんなのおすすめドラマは?

「ドラマ」はそのまま drama でも通じるけど、show もよく使われるから覚えよう♪

Just rewatching "Prison Break" 😆

『プリズン・ブレイク』見返してる。

re-「繰り返し」は他の動詞の前について「もう一度〜する」という意味になります。
ここでは re-(繰り返し)+watch(見る)=「見返す」ってこと!

Wow Hulu really has everything 😄

うわっ、Hulu ってマジでなんでもある。

「本当に」という意味の really は副詞だから、原則として動詞のまえに置きます。
ただし be 動詞の場合は、I'm really moved.「超感動した」のように
be 動詞のあとに置くから注意!

I'm shipping Dan and Serena 😎

ダンとセリーナの恋を応援してる。

この ship は「ドラマなどの登場人物の恋愛を応援する」という特殊な意味!
急展開が多い恋愛ドラマで推しカップルを見つけたときに使ってみよう♪

That was a plot twist! 🐶

どんでん返しだった!

plot は「物語の筋」、twist には「ひねり」や「意外な展開」の意味があります。
あわせて「どんでん返し」ということ!

I used to play this track on repeat back in middle school 😝

中学生の頃によくリピったな、この曲。

used to do は「昔は〜したものだった」という意味。
play 〜 on repeat は「〜を連続再生する」、back in middle school は「中学の頃」。

This track brings back a lot of memories 😊

この曲を聞くと色々思い出すわ。

「曲」は song でも track でも OK。
bring back は「(思い出を) 思い出させる」という意味です。

Feels so nostalgic 😫

めっちゃエモいな〜。

nostalgic は「懐かしい」って意味。
昔の曲を聞いたりして「エモい」ときに使ってみよう!

Found a real cool playlist on Spotify! 😎

Spotify で超イケてるプレイリスト見つけた!

この real は副詞で、「とても」という意味。
「イケてる」を「カッコいい」と置き換えれば、cool が使えるよ!

This music video is such a rabbit hole 😮

このミュージックビデオ、沼すぎ。

rabbit hole は『不思議の国のアリス』に登場するウサギの穴のこと。
「永遠に没頭してしまうくらい底なしのもの」って意味で使われるよ!

Been listening to techno lately 😋

さいきん、ずっとテクノ聴いてる。

I have been listening ... の I have が省略された、現在完了進行形の文。
techno の部分を好きな音楽ジャンルに置き換えて使ってみて♪

I tried singing "Talk" by beabadoobee

ビーバドゥビーの『トーク』歌ってみた。

 try -ing は「試しに〜してみる」という意味で、実際に試した動作を表します。
似たような表現の try to sing だと「歌ってみようとする」という意味になり、
実際に歌えたかどうかは伝えられないので使い分けよう！

I tried playing "Virtual Insanity" by Jamiroquai

ジャミロクワイの『ヴァーチャル・インサニティ』弾いてみた。

 play the piano「ピアノを弾く」や play the guitar「ギターを弾く」のように、
楽器を弾くときには楽器の前に the をつけ忘れないでね♪

A Justin Bieber cover

ジャスティン・ビーバーのカバー。

 「カバー曲」は英語でもそのまま cover。
「カバーした」なら I did a Justin Bieber cover. のように do が使えるよ。

Having a hard time with the F chord...

F コード押さえるの難しい……。

 have a hard time with は「〜で困難な時間をすごす」「苦戦する」ということ。
ギターのコード（弦）は chord で、code でも cord でもないから気をつけて！

Wanna be able to play this song

この曲、弾けるようになりたいな。

 want to のスラングの wanna のうしろには can を置けないから、
同じ意味の be able to を使っているよ！

My new bass is FIRING ME UP!

ベース買ったから気合い入る〜！

 fire up は「〜に火をつける」とか「〜を活性化する」などの意味。
日本語でもやる気が出たときに「燃えてきた！」っていうよね！
人が主語の場合は I'm fired up. と受け身になるから注意してね♪

new post!

What a precious little thing ... 🥹

小さいのに、なんて大切な存在なんだろう……。

What (a)＋形容詞＋名詞. で「なんて～な…なんだろう」と感動を表せるよ。
What a beautiful sunset.「なんて美しい夕日なんだろう」などなど、
身のまわりの感動を伝えたいときに使ってみてね♪

Congratz on your 7th month!

7か月おめでとう！

 Congratz on ～ で「～おめでとう」の意味。
congratulations の省略形 congrats のスペルを書き換えたのが congratz だよ♪

She can crawl now

もうハイハイできるようになりました。

crawl は「クロールで泳ぐ」という意味だけじゃなく、「這う、ハイハイする」の
意味もあります。now は「いまではもう」というニュアンス。

She can hold up her own head 😉

この子、首は座ってます。

 「首が座る」は「自分で頭を支えられる」ということ。「～を支える」という意味の
動詞 hold を使って、英語では hold up one's head と表現するよ♪

What kind of face is that? Lol 😂

その顔なに(笑)？

直訳すると「それはどんな種類の顔？」ということ。
what kind of は「どんな種類の～」と問いかける疑問文で、
カジュアルな場面では kind of を kinda と略しても OK！

Look at this chubby face! 😫 💕

見て、このむちむちな顔！

 chubby は「まるまると太った、ぽっちゃりした」って意味で、
赤ちゃんや子どもに対して使うと「可愛らしい」というニュアンスを込められるよ♪

He is getting more & more smileyyy! 🥺

だんだんニコニコするようになった！

 more and more は「だんだん、ますます」、smiley は「ニコニコした」の意味。
smileyyy と語尾を伸ばして、笑うようになった喜びを表現しています♪

You're getting bigger, huh!

大きくなってってるねぇ〜！

赤ちゃんに直接語りかけているから、主語を You にしています。
huh は文末に置くと「〜だよね」と同意を求めるニュアンスが出せるよ！

She looks MUCH bigger than last month

先月と比べるとかなり大きくなってるみたい。

much は比較級の bigger を強調しています。
ほかにも by far や way を使うと、比較級を強調することができるよ♪

Hope you'll grow up healthy

すこやかに育ってね。

hope のうしろに〈主語＋動詞〉をつづけると、「〜であることを願う」という意味に。
grow up は「成長する」ということ。

He now has likes & dislikes

好き嫌いするようになってきた。

dis- は否定の接頭辞だから、dislike は「嫌い」という意味。
likes と dislikes が複数形になっているのは、「好きなもの」や「嫌いなもの」は
複数あるのが普通だからだよ♪

Her face is stuffed with her favorite donut

大好きなドーナッツ頬張ってる。

stuff one's face with は「〜を頬張る」という表現で、例文では face を主語に
した受け身の文になっています。stuff は「詰め物をする」という意味の動詞で、
「動物のぬいぐるみ」は stuffed animal というよ！

He hates broccoli, so he always spits it out

ブロッコリー嫌いで、いつも吐き出すんだよね。

so は「〜だから」と理由を伝えたいときの表現。
spit out は「〜を吐き出す」という意味だよ！

new post!

Just walked Comugi in Yoyogi Park🥹💕

代々木公園でコムギさんを散歩させてきたよ。

walk a dog で「犬を散歩させる」という意味。
take a dog for a walk でも、ほぼ同じ意味になります。
a dog のところにワンちゃんの名前を入れてみてね♪

Went to a dog park for the first time in a while

ひさびさにドッグラン行ってきた。

ドッグランは和製英語で、英語では dog park っていうから覚えておこう！
「ひさびさに」は for the first time in a while だよ。

My little gurl got lots of new friends there

ウチの子、たくさん友だちいるの。

gurl は girl「女の子」のスペルを書き換えたもの。
「男の子」の場合は boy を boi と書き換えると "こなれ感" が出せるよ！

I just looooove how cats smell

猫の匂い、マジ大好き。

how cats smell は直訳すると「猫はどんな匂いがするか」ということ。
例文では名詞のカタマリとして、動詞 love の目的語になっています。

Here is my CLINGY boi in da house

ウチのかまちょがこちらです。

clingy は「いつもくっついて離れない」「粘着質の」という意味。
clingy boi で「かまってほしくて離れない男の子」、つまり「かまちょ」だよ♪

What a clever puppy!

本当にあざとい子！

What (a) +形容詞+名詞 . で、「なんて〜な…なんだろう」と感動を表す文。
clever は「ずる賢い」や「あざとい」という意味でも使えるよ！

Aww she's exhausted, and fell asleep … so KEWT!

ああ、疲れて寝てる、可愛いすぎ！

exhausted は「疲れ果てた」の意味。
kewt は cute のスラング表現で、スペルは違うけど発音は同じだよ♪

new post!

Spent a day with my glasses and no makeup on in my pajamas 😑

メガネ、すっぴん、パジャマで1日過ごした。

 「メガネ」はレンズが2つあるから glasses と複数形になることに注意！
「メイク、化粧」は makeup。
in my pajamas の in は、「〜を着て」という意味だよ♪

Did ABSOLUTELY nothing today

今日はマジで何もしなかったわ。

「完全に、絶対に」などの意味の副詞 absolutely は、否定表現をともなって
「まったく〜ない」という意味になります。
例文では大文字で「本当にまったくなにもしなかった」と強調しているよ。

Got nothing to do. Just lazing around at home

何もやることなくて家でダラダラしてる。

laze around で「ダラダラ過ごす」という意味。
「怠けている」という意味の形容詞 lazy と紐づけると覚えやすいよ!

I slept the whole day awayyyyy ...

1日中寝てた……。

〈sleep＋時間＋away〉で「〜を寝て過ごす、眠りつづける」という意味。
ダラダラ過ごしちゃった休日でも、さらっとこんな風に表現できるとカッコよくない?

Time just passed without me doing anything

何もすることなく、ただ時間が過ぎた。

without me doing anything は直訳すると「私が何かをすることなしに」。
me doing の me は動名詞の主語を表していて、my doing でも通じるよ♪

Been on my phone and did absolutely nothing today ...

きょう、スマホしかいじってない……。

I have been on my phone ... の I have が省略されています。
on my phone の on は接触を表し、「スマホを触っている」のニュアンスだよ♪

Well, doing nothing can be good once in a while, right?

まぁ、たまには何もしないのもいいよね?

この can は「〜できる」ではなく、「〜かもしれない」という推量の意味。
once in a while「たまに」は日記でよく使う表現だから覚えておこう♪

new post!

Heading to the States 😎 ✨

アメリカへ行ってきます!

> head to で「〜へ向かう」という決まり文句として覚えよう!
> この head は「行く、進む」という意味。
> アメリカは the United States of America や the US でも通じるよ♪

I'm finally done packing 😭

やっと荷造り終わった〜。

I have finished packing. でも悪くないけど、ネイティブは
I'm done のうしろに動名詞を置く「〜し終わった」という表現をよく使います。
pack が「荷物を詰める」という意味だから、packing は「荷造り」のこと。

Was too HYPED to sleep! 😵

興奮しすぎて眠れなかった！

〈too＋形容詞＋to do〉で「〜すぎて…できない」という意味。
「興奮した」は excited でもいいけど、hyped のほうがこなれた感じ♪

My outfit for the flight 😉

これが私の機内コーデだよ。

日本語の「コーデ、コーディネート」は coordinate に由来するけど、
英語でそのまま使っちゃうとお堅い表現になってしまいます。
outfit を使ってシンプルに「機内用の服」で十分伝わるよ♪

Such a beautiful view from my window seat! 😌

窓側の席から見えたキレイな景色！

「景色」で辞書を引くと scenery や landscape などの単語が見つかるけど、
ここでは「特定の場所から見える景色」という意味で view を使っているよ♪

Their in-flight meal was actually good 😋

機内食、意外と美味しかった。

「機内食」は airline meal でも伝わります。
actually は「（予想はしてなかったけど）意外と、実際は」というニュアンス！

Was a little nervous at the security check 🦌

手荷物検査でちょっとドキドキした。

「手荷物検査」は security check。
ちなみに「税関」は customs だけど、-s をつけ忘れがちだから注意してね！

Bought a brandname handbag at the duty-free store 😎

免税店でブランド物のハンドバッグゲット！

空港にある「免税店」は duty-free store。
tax-free だと消費税のみが、duty-free だと他の税金も免除されるんだって！

One-night stay in Vegas ✨

ラスベガスで一泊。

一夜を過ごすことから、「一泊」は英語で one-night stay だよ♪

The hotel was in a great location! 👏

ホテルの立地が最高だった！

「立地」は location です。
日本語でも「ロケーション」っていうから、覚えやすいよね♪

They had a full range of amenities 👍

アメニティも充実してた。

a full range of で「あらゆる種類の〜」という意味。
「アメニティ」は英語でもそのまま amenity で通じます。

Chilling by the swimming pool at night 💕

夜はプールのそばでゆったり。

この chill は「ゆったりする、リラックスする、くつろぐ」という意味の動詞。
さいきんは日本語でも「チルする」っていったりするよね！

Sightseeing in the capital! 😎

首都観光！

sightseeing「観光」と、go sightseeing「観光する」は海外旅行の必須表現！
ぜひ覚えてね♪

They got so much stuff downtown. So much fun!

繁華街、いろいろあって超楽しい！

stuff は「物、こと」という意味の不可算名詞だから、複数形にしないよう注意！
thing よりもカジュアルに使えるよ♪

The street looked so cute

街並みが可愛すぎた。

street は「通り」の意味でよく知られてるけど、
「通りに面した建物、街並み」という意味もあります。

They had a festival going on!

お祭りやってた！

主語の They は「現地の人たち」くらいの意味。
最後に going on をつけることで、「まさに進行中」というニュアンス♪

Got lots of cute souvenirs

可愛いお土産たくさんゲット。

souvenir は「お土産」の意味で、これも海外旅行に欠かせない単語だね！
ちなみに日本のようなお土産文化は欧米にはあまりなくて、
いろんな人に配るよりは家族へのプレゼントとしてお土産を買うことが多いみたい。

Can't wait to give them to everyone

みんなにあげるの待ち切れない。

can't wait to do「〜するのが待ちきれない」は、ワクワクを伝えるポジティブな
フレーズだよ♪

The hotteok from the stand was nice and warm

屋台で買ったホットク、ホカホカで美味しかった。

「屋台」は屋外に立っている様子から stand と呼ばれるよ。
stall もしくは food stall でも「屋台」という意味になります。

The market guy lowered the price for me!

市場のおじさんが安くしてくれた！

the 〜 guy は the tech guy「技術者のおじさん」のように仕事を伝える便利な表現。
lower は「〜を下げる」という意味の動詞だよ♪

Love that prices are cheap here!

物価が安くて最高！

「物価が安い」は prices are cheap または prices are low と、
「物価が高い」は prices are expensive または prices are high と表現できます。

I will NEVER EVER forget the sunset in Santa Monica

サンタモニカで見た夕日は一生忘れない。

never だけでも「絶対に〜ない」の意味にはなるけど、
never ever で「何があっても絶対に〜ない」とさらに強調できちゃいます！

Strolling through the town in Venice

ヴェネツィアを街歩き。

「ぶらぶら歩く」は stroll through や walk around で表現できるよ。
明確な目的なしで街ブラするときに使ってみてね♪

Went ALLLL the way up to see the world heritage in Laos••

ラオスの世界遺産を見に、はるばる行ってきました！

all the way up to は「はるばる」という意味。
ちょっと遠い観光地まで足を延ばしたときなどに使える表現だよ♪

Was safer than I thought, phew

思ってたより治安よくて安心。

than I thought は「考えていたより、意外と」などの意味。
phew は「ふう」や「やれやれ」のように、ホッと安心したことを示す間投詞だよ♪

Made friends with so many people from each country! 😎

いろんな国の人たちたくさんと仲よくなれた！

「〜と友だちになる」は make friends with または become friends with で。people from each country は「それぞれの国から来た人」という意味で、from は出身を表す前置詞だよ♪

Got along with locals and went for drinks 🍻

現地の人と仲よくなって飲みに行った。

get along with は「仲よくやっている、うまくいく」という意味。この local は複数形の -s がついていることからもわかるように名詞で「地元の人たち」のこと。go for drinks で「飲みに行く」と表現できるよ！

All the American people I met were so friendly! 👏

会ったアメリカ人みんな超フレンドリーだった！

people のあとに関係代名詞の that が省略されていると考えるとわかりやすいよ！All the American people (that) I met で「私が会った全アメリカ人」ということ！

They got my English! 😥

私の英語、わかってくれた！

この They は特定の人を指しているのではなく、話し相手のことだと考えよう。get は「〜を理解する」という意味で、I got you.「わかった」のように使えるよ♪

Their accent was so thick, and I couldn't hear them at all 😅

訛りがすごくて全然聞き取れなかった。

thick は「分厚い」という意味だけど、このように訛りの強さを表すこともできます。not 〜 at all は「まったく〜ない」という意味の決まり文句！

This trip totally broadened my horizons! 😲

この旅行で視野がめっちゃ広がった！

broaden は「〜を広げる」という意味の動詞で、「広い」の意味の形容詞 broad から来ています。「地平線」という意味で知られる horizon だけど、実は「視野」という意味もあるよ♪

Ugh I slept too much …

あーあ、寝すぎちゃった……。

 ugh は「あーあ」みたいなニュアンス。
ちなみに、「寝すごす」は英語で oversleep だよ♪

OVERSLEPT! Guess I gotta get ready in a second 😰

寝坊した！　秒で支度しなきゃだわ。

second は「秒」、つまり「すごく短い時間」の意味で使われることがあります。
たとえば Give me a second. は「ちょっと待って」ということ。
get ready「準備する」も覚えておこう♪

A hectic morning 😠

時間なくてバタバタの朝。

hectic は「大忙しの」という意味で、busy よりもずっと慌ただしい感じ！

It's a coooold season where it's hard to get up

寒くて起きるのがしんどい季節。

where it's hard to get up は関係副詞節で、season をうしろから修飾して
「朝起きるのが難しい季節」ということ。2つめの it は to get up を指しています。

Found myself waking up on the sofa 😄

ソファで寝落ちしてたみたい。

直訳すると、「ソファで目を覚ました自分を見つけた」ということ。
〈find＋人＋-ing〉は「人が〜しているのを見つける」という意味。

The new coffee beans taste pretty good ☕

新しいコーヒー豆、なかなか美味しい。

「美味しい」は delicious や yummy などの形容詞を使ってもいいし、
例文のように動詞を使って taste good で表現しても OK！
pretty には「かなり」のほかにも「まあまあ」という意味もあるから要注意です。

Just taking time making my drip coffee

ドリップコーヒーはじっくりと入れます。

take time -ing で「じっくりと時間をかけて〜する」ということ。
「コーヒーを入れる」は make coffee で OK！

Starting my morning with my favorite tea ✨

お気に入りの紅茶で朝をスタート。

with は「〜と一緒に」という意味。
直訳すると、「お気に入りの紅茶と一緒に私の朝を始める」ということだよ♪

Hot water gotta be the first thing I have in the morning

朝イチは必ず白湯。

直訳すると、「白湯は私が朝いちばんに飲まなきゃいけないもの」ということ。
gotta は have got to の略で、「〜しなきゃいけない」って意味。

Cooked salmon and rice for breakfast 😎

朝食に焼き鮭とご飯作ったよ。

cook は「〜を料理する」の意味で、熱を加えてじっくり調理するときに使えるよ！

Made food for 4 days 😎 ✨

4日分作り置きしておいた。

for four days は「4日間のために」、つまり「4日分」。
「4日分の食べ物を作る」ということは、「作り置きする」ということだね！

UGH I so don't wanna do the dishes …

皿洗い面倒すぎ……。

I don't wanna「〜したくない」に so を加えて気が進まないことを強調しているよ。
「皿を洗う」は do the dishes で伝わります♪

Had so many dishes to do --

洗い物たまってた。

「やるべき皿がたくさんあった」、つまり「洗い物がたまってた」ということ。

My bf had made me breakfast 😎

彼が朝ごはん作ってくれてた。

make me breakfast は「私に朝ごはんを作る」という意味で、
make breakfast for me としても OK ！　bf は boy friend の略。

What a luxurious brunch!

なんて贅沢なブランチ！

「贅沢な」と聞いて expensive を思い浮かべる人もいるかもだけど、
expensive は「価格の高さ」を、luxurious は「質の高さ」を表します。
ホテルやカフェでブランチを食べるときに使ってみてね♪

Vacuuming after 3 days 😂

3 日ぶりに掃除機かけた。

vacuum には「掃除機」のほかに、「掃除機をかける」という動詞の意味も。
after three days は「3 日経ったあとに」、つまり「3 日ぶりに」ということ！

K! Let's just start with washing 😌

おけ、洗濯からやろ。

K は OK の略。日本語でも「了解」を省略して「りょ」なんていったりするよね！
washing は「洗濯物」の意味です。

Chores are all done! So refreshing 🦌

家事ぜんぶ終わらせてスッキリ！

chore は「洗濯や掃除などの毎日行う家事」を指します。
「すべて終わり」といいたいときには all done がよく使われるよ♪

500-yen lunch always saves me! 😭

ワンコインランチ助かる〜！

「ワンコインランチ」は和製英語なので「500円で買えるランチ」と置き換えよう。
save は「〜を救う」という意味だよ♪

I'm having burritos for lunch 😌

今日のランチはブリトーにしよう。

いくつかの候補があるなかから「〜を食べるつもり」と食事を選ぶときには、
この I'm having 〜 . を使ってみてね♪

Hmm what should I eat for lunch?

うーん、お昼に何にしようかな。

直訳すると、「お昼ごはんに何を食べるべき？」ということ。
疑問文の形だけど答えを求めるわけではなく、迷っていることを伝える表現です。

Gotta stop by the bank today 😑

きょうは銀行に寄らないと。

gotta は have got to の略で、「〜しなきゃいけない」って意味。
stop by は「〜に立ち寄る」という意味です。

Need to get some everyday items 😫

日用品を買いに行かないと。

need to do「〜する必要がある」は日記や英会話でよく使う表現だから、
ぜひ覚えておこう♪　「日用品」は everyday items で。

My package is arriving today 😉

きょうは荷物が届く予定。

package で「荷物、小包」の意味。現在進行形の is arriving で、
いまこの瞬間にも運ばれてきているような臨場感を表しています。

It's already time to pick up my kids🦌

あっという間に子どもたちのお迎えの時間。

> already は「もう、すでに」の意味。
> pick up は日本語から「〜を選ぶ」という意味で覚えてる人が多いかもだけど、
> ここでは「車で〜を拾う、迎えに行く」って意味だよ!

Took my kids to the park 😉

子どもたちを公園に連れてった。

> この take は「〜を連れていく」という意味。
> 連れて行く場所は、take A to B「A を B に連れて行く」という形で表そう♪

She NEVER stopped cryinggg … 😭

泣き止まなくて大変だった……。

> NEVER と大文字にして何をしても子どもが絶対に泣き止もうとしない感じを、
> cryinggg と語尾を伸ばすことで大変さを表現しているよ。

Went to the dentist I HATE so much 😭

大嫌いな歯医者へ。

> hate は「〜をひどく嫌う」という意味。
> かなり強烈な表現だから、ニュアンスを弱めたいときは don't like を使ってね♪

Went to get my prescription 😉

処方箋もらいに行ってきた。

> prescription は「処方箋」という意味の名詞。
> 「〜を処方する」という意味の動詞 prescribe とセットで覚えておこう♪

Routine check-up ✨

定期検診。

> 「定期検診」は routine check-up または regular check-up といいます。
> check-up には「健康診断」や「検査」という意味があるよ♪

Just chilling on my sofa at home 😋

家のソファでのんびりしてる。

chill は「まったりする」、at home は「自宅で」「くつろいで」という意味♪

Low carb diet - DAY 10 😉

炭水化物抜きダイエット、10日目。

この carb は「炭水化物」を意味する carbohydrate の略。
「炭水化物抜きダイエット中」なら、I'm on a carb diet. を使ってみてね♪

I ate so much yesterday ... gotta have less today 😑

きのうは食べすぎた……きょうは節制しないと。

have は「〜を食べる」の意味だから、have less で「より少ない量を食べる」、
つまり「節制する」ということ!

I guess I should start eating healthy 😔

健康にいいものを食べ始めないとね。

I guess は「〜だと思う」の意味で、I should 〜の義務感をやわらげています。
eat healthy は「健康的に食べる」、つまり「体にいいものを食べる」って意味!

It's my CHEAT DAY! Yayyyy 😍

やった、今日はチートデイ!

「チートデイ」は英語でもそのまま cheat day で。
cheat には「不正をする」「カンニングをする」という意味があります。

My face looks puffy today ... 😑

きょう顔むくんでる……。

look は「〜に見える」、puffy は「むくんだ、腫れぼったい」という意味です。

Had a productive day today! 😎

きょうは充実した1日でした！

「〜な日でした」といいたいときは It was a 〜 day. でもいいけど、カジュアルに I had a 〜 day. でも OK！ productive は「生産的な」という意味だよ♪

I wonder if he's home already 😄

もう彼は家にいるかな。

I wonder は「〜かなと思う」という意味の便利な表現。I wonder where to go.「どこに行こうかな」のように、if 以外の疑問詞をつづけることもできます。

Feeling too slow to cook. Ugh 😑

あーあ、ごはん作るのダルっ。

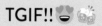

feel slow は「体がノロノロして感じられる」、つまり「ダルい」ということ。too 〜 to do は「〜すぎて…できない」という意味だから、文全体を直訳すると「ダルすぎてごはん作れない」ということ。

TGIF!! 😄 🍞

華金!!

TGIF は Thank God It's Friday の略。神様に感謝しちゃうほど待ちに待った、嬉しい金曜日という意味だよ♪

Fridays are for drinking! 🍺 ✨

金曜日は飲むっしょ!

直訳すると、「金曜日は飲むための日」ということ。Fridays と複数形にすることで特定の金曜日ではなく、「金曜日はいつも〜」というニュアンスをもたせています。

Gonna be a long nite 〰

長い夜になりそう。

gonna は going to のスラング。nite は night のスペルを書き換えたネット寄りのくだけた表現だから、オフラインでは避けたほうが無難かも。

Been sober lately. I'm proud 😎

さいきん断酒してる、えらい

I have been sober lately. の I have が省略された現在完了の文です。
sober は「お酒を飲んでいない」「シラフの」という意味。

I wonder what to watch on TV 😉

テレビ何みようかな。

I wonder は「〜かなと思う」という意味。
what to watch on TV は直訳すると「テレビで何を見るべきか」ということ！

I woke up to find myself on a sofa 😁

起きたらソファーで寝落ちしてたわ。

wake up で「目を覚ます、起きる」という意味。
to find ... は【結果】を表す不定詞で、直訳すると「目を覚ましたら自分がソファーにいるのを見つけた」、つまり「寝落ちしてた」ということ！

Feeling refreshed with a hinoki scent 😌

ヒノキの香りでリフレッシュ。

「いい香り」を表すときは、scent を使います。意外だけど数えられる名詞だから、with a hinoki scent の形で「ヒノキの香りのおかげで」という意味！

Gonna sleep soundly with a lavender scent 😌

ラベンダーの香りでゆっくり眠れそう。

sound には「健康な、健全な」という形容詞の意味があります。
形容詞を副詞化する -ly をつけると、sleep soundly で「健康に眠る」、つまり「ぐっすり眠る」という意味に♪

A soothing nite with my aroma 😫 💕

アロマに癒される夜。

soothe は「〜をなだめる、安心させる」という意味の動詞。
soothing は「なだめてくれるような」の意味の形容詞として辞書に載ってるよ♪

Dinner of the day! 😋

本日の夕飯はこちら！

Today's dinner. よりもこなれた、臨場感が伝わるフレーズです。
夕飯の写真に添えて使ってみてね♪

My omu-rice turned out so GOOD 👏

オムライスうまくできてた。

turn out は「〜だとわかる」「〜という結果になる」という意味。
「食べてみたら美味しいことがわかった」くらいのニュアンスです♪

I think I did a pretty good job! 👍

けっこう上手にできたと思う！

do a good job で「うまくやる」って意味！
job は「仕事」の意味だけど、この例文みたいに仕事以外でも使えるよ♪

A chillaxing bath time … 😌

のんびりバスタイム……。

chill と relax を合体させたのが chillax で、「ゆったりくつろぐ」という意味。
似た意味の単語を並べることで意味を強調することができるよ♪

Reading in my bath tub 😏

お風呂で読書。

「読書する」は read a book でもいいけど、read だけで「本を読む」という意味
があります。

My friend gave me a nice bath bomb! 😎

友だちにいいバスボムもらった！

gave me a nice bath bomb の部分は、
gave a nice bath bomb to me と書き換えても OK！

My daily routine: writing in my journal before sleep

寝る前に日記を書くのが毎日のルーティン。

journal は「日記」、この sleep は名詞で「睡眠」の意味です。

Been having trouble falling asleep lately …

さいきん寝つきがよくない……。

have trouble -ing で「〜するのに問題がある」という意味。
「さいきん眠りに落ちるのに問題がある」、つまり「寝つきがよくない」ということ。

Been having some weird dreams lately

さいきん変な夢ばっか見てるな。

I have been having の I have を省略した、【継続】を表す現在完了進行形の文。
「夢を見る」は have a dream を使います。

I randomly woke up in the middle of the nite

不意に夜中に目が覚めた。

randomly は「不意に」「不規則に」などの意味でネイティブがよく使う副詞です。
in the middle of the night「夜中に」の night を nite に変えて、こなれ感 UP！

Ugh just can't go back to sleep

ああ、マジで寝れない。

go back to sleep は「もう一度眠りにつく」という意味。
真夜中に目が覚めてしまったとき、ストーリーに投稿してみよう♪

I wonder if he replied to me yet ●●

彼から返信きたかな？

wonder if は「〜かどうか迷う」の意味で、うしろに気になることをつづけます。
reply to は「〜に返事をする」という意味♪

My skin's been great since I changed my toner 😎

化粧水変えてから肌の調子がいい。

My skin's been を省略せずにいうと、My skin has been ということ。
since「〜してから」からもわかるように、【継続】を表す現在完了の文です。

This skin care device ROCKS!! 😳

この美顔器めっちゃいい！！

device は「機器」や「装置」の意味。
この rock は「すばらしい」という動詞で、物が主語になることに注意！

Using face pack every night 🙏

毎晩フェイスパックしてる。

every night は「毎晩」という意味の副詞だから、前置詞はいらないよ。

Got a pimple … *sigh* 😑

ニキビできた。はぁ。

「ニキビ」は英語で pimple です。
医学的な専門用語の acne でもいいけど、日常的には pimple のほうをよく使うよ。
sigh は「ため息をつく効果音」を表しています。

Here's what I do for my damaged skin 😉

肌荒れしたときの応急処置。

直訳すると、「荒れた肌のためにしていることがこちら」ということ。
what は「〜する物、〜すること」という意味の関係代名詞です。

Used this to tone my skin up! 😎

これ使ってトーンアップした！

tone up は「〜の色調をあげる」という意味。
日本語でも「トーンアップ」っていうよね♪

Got my natural makeup on for today 😣

きょうはナチュラルメイクにした。

get my makeup on で「化粧をする」という意味。
「ナチュラルメイク」はそのまま natural makeup でもいいし、
「微妙な、繊細な」という意味の subtle を使った subtle makeup でも OK！

Lined my eyes longer than usual 😎

いつもよりアイライン長めに引いてみた。

「アイラインを引く」は line my eyes でも、put on eyeliner「アイライナーを引く」
でも伝わります♪

My new eyeshadow is pretty vibrant! 🤩

新しいアイシャドウ、なかなか発色強め！

vibrant は「鮮やかな」とか「活気に満ちた」って意味！
pretty は「とても」という意味でも「まあまあ」という意味でも使えます。

Makeup is much easier now that I got my eyelashes permed 😉

マツパしたから、かなりメイクが楽。

now that は「いまはもう〜なので」と理由を示すフレーズ。
「まつげ」は eyelash で、「パーマをかける」は perm です。

This low-price makeup is actually pretty high-quality 😲

このプチプラ、かなりクオリティ高い。

日本語の「プチ」はフランス語由来の表現だから要注意。
ここでは「プチプラ」を「値段が安い化粧品」と置き換えて表現しています。

Always using warm colors for my warm undertone 😊 💕

イエベだから、いつも暖色系使ってる。

現在進行形に always を加えると、「いつも〜ばかりしている」というニュアンスに。
「イエベ」は warm undertone と、「ブルベ」は cool undertone と表現してね♪

Just put on a new dress I bought yesterday 😎

きのう買ったワンピース着てみた。

put on は「〜を着る」という意味。
日本語で「ドレス」というとゴージャスなものを想像しがちだけど、
英語の dress は普段使いする「ワンピース」のようなシンプルな服も指すよ♪

For my feet, I got my favorite sandals on ✨

足元はお気に入りのサンダルで。

feet は foot「足」の複数形。特別な変化に注意！
get 〜 on で「〜を身につける」という意味になります。

A scarf is a MUST these days 😢

さいきんはマフラーが手放せない。

日本語の「マフラー」は、英語では scarf を用いるのが一般的。
must は「〜しなければならない」という助動詞の意味もあるけど、
実は「必需品」という名詞としても使うことができるよ♪

I'm into this silhouette 😌

このシルエットが気に入ってるんだよね。

into は「〜にハマっている」という意味。
「シルエット」は silhouette を使ってもいいし、シンプルに「形」と置き換えて
I'm into this shape. と表現しても OK！

A brown outfit just feels right to me in the end 🤩

やっぱりブラウンコーデがしっくりくる。

feel right to me を直訳すると、「私に合ってると感じられる」、
つまり「しっくりくる」ということ。in the end は「結局」の意味です。

Can't wait for the season for this jacket 😏

早くこのアウター着れる季節になってほしいな。

直訳すると「このジャケットのための季節が待ちきれない」ということ。
「アウター」は和製英語だから、ここでは jacket を使ってみました。

I like my hoodies oversized 😎

パーカーはオーバーサイズで着るのが好き。

「パーカー」は英語では hoodie だから注意してね♪
oversized は「大きめサイズの」という意味です。

Just put on a trending fur vest! 😉

流行りのファーベスト着てみた！

wear が「〜を着ている」という状態を表すのに対し、
put on は「〜を着る」という動作を表します。
trending「流行の」は、日本語でも「トレンド」っていうから覚えやすいね♪

The bag provides a great accent color 😊

バッグが差し色になっていい感じ。

「差し色」は「アクセントになる色」と置き換えて、accent color と表現しました。
provide は「〜を与える」という意味の動詞です。

This mule is so VERSATILE, and it matches with everything! 😎

この万能ミュール、何にでも合う！

versatile は「万能の、多目的の」、match with は「〜と合う」という意味です。

My theory: NOTHING BEATS UNIQLO THIS SEASON! 🔥

今期のユニクロ最強説！

コミカルに「〜説」といいたいときは、「説、理論」の意味の theory を使ってみよう。
nothing beats は「何も〜を倒せない」、つまり「〜優勝」という意味だったね♪

LOVE the combination of this bag and these sneakerz! ••

このバッグとスニーカの組み合わせが大好き！

アイテムの組み合わせについて伝えたいときは、
combination of A and B「AとBの組み合わせ」を使ってみてね♪

Just dyed my hair

髪染めてみた。

 dye は「〜を染める」という意味。
「髪をピンクに染める」なら dye my hair pink で OK！

Got my hair permed 💕

パーマかけた。

 perm は「パーマをかける」という意味の動詞。
Had my hair permed. ともいえるよ！

Got a new look! ✨

イメチェン！

 この look は「外見」の意味。「変身」や「イメージチェンジ」という意味の
makeover を使って、Got a makeover! と表現することもできます！

Got a new hairstyle! Thoughts? 😉

ニューヘアにしたよ！　どうかな？

 「どうかな?」は What do you think? のように文で問いかけてもいいけど、
Thoughts? と短くすることでよりカジュアルな印象になるね♪

Got a hair treatment. So smoooooth

髪のトリートメントしてきた。サラッサラ。

 「トリートメント」は英語でもそのまま treatment で。
smoooooth と伸ばすことで、髪の毛のサラサラ具合を強調しているよ♪

Went to the salon I was curious about 😋

気になっていた美容院へ。

 curious about は「〜に興味がある、気になっている」という意味。
「気になっている」を「行きたいと思っていた」と置き換えて、
Went to the salon I wanted to go to. としても通じるよ♪

My nails for this month✨

今月のネイルはこちら。

ネイルしてもらう爪は1つじゃないから、nails と複数形にします。
毎月ネイルを変えている人は使ってみてね♪

Got French nails this time●●

今回はフレンチネイル。

this time は「今回は」という意味。
この2語で副詞として使えるから、at などの前置詞はつかないよ!

My nails are chipping …

ネイル欠けてる……。

この chip は「細かく砕ける」という意味の動詞。
ほかにも「切れ端、小片」などを意味する名詞として使われることがあります。

I love flashy nails😊

派手ネイル大好き。

「派手な」という意味を表すのに、ここでは flashy を使ってみました。
flashy には「ケバケバしい」のようなネガティブなニュアンスもあるから注意!

Got a wavy design😍✨

うねうねネイルにしたよ。

wavy は「うねうねした、波状の」などの意味。
ネイルの写真を添えて使ってみてね♪

Nuance nails😆

ニュアンスネイル!

もしくは Nuance colors. でも OK !
「グラデーションネイル」は gradient nails または ombre nails と表現します。

Got SO NERVOUS at the entrance ceremony

入社式めっちゃ緊張した～。

SO NERVOUS と大文字で強調することで、緊張感を強調しているよ。
entrance ceremony は「入学式」の意味でも使われます。

My colleagues are so aspirational, it's got me motivated!

同期みんな意識高くてモチベ上がった！

「同僚」は colleague や co-worker を使います。
aspirational で「向上心が高い」、つまり「意識が高い」ということ！

Training starts tmrw

明日から研修だ～。

tmrw は tomorrow の略。
スペルを書き換えるだけで一気にこなれた感じが出せちゃうよ♪

Time for English listening on my commute

通勤中は英語リスニングの時間。

commute は「通勤」「通学」という意味の名詞。
「通勤する」という意味の動詞として使うこともできるよ。

Flexible work hours ＝ I can avoid rush hour!

フレックス制だから、ラッシュアワー回避できる！

flexible は「融通が利く」という意味の形容詞で、「フレックス制で働く」は
work flexible hours で伝わるよ♪ avoid は「～を避ける」という意味。

Train got SUPER CROWDED. Eww

電車めちゃめちゃ混んでる。えぐい。

super は「ものすごく」という意味の副詞で、crowded は「混んでいる」という
意味の形容詞。ew は「おえ～」「エグ～」のように、嫌悪感を表す間投詞です。

Working remotely today! 😎

今日はリモート勤務！

「リモートで働く」は work remotely で OK！
日本語の「リモート」に引っ張られて、-ly を忘れないように注意してね。

Working remotely with ma latte and aroma 😌

リモートのお供はカフェラテとアロマ。

ma は my のくだけた表現。「カフェラテ」はそのまま cafe latte でもいいけど、
実は latte の 1 語だけでも「カフェラテ」という意味になります。

I tend to get lazy, so I'm using my timer. Tick tock! 😉

サボりがちだからタイマーかけてる。

tend to do は「〜しがち」の意味。自分の習慣を伝えたいときに使ってみてね♪
tick tock は「チクタク」と時計が鳴る音を表すよ！

TROUBLE AROSE with our clients! 🦌

取引先とトラブル発生！

arose は arise「生じる」の過去形。
不規則な活用をする動詞の変化には注意しよう！

I messed up at work … 😭

仕事でやらかした……。

mess up は「やらかす、しくじる」などの意味。
できれば使いたくないけど、やらかしちゃったときはこっそり日記で使ってみてね。

Need to get calm and deal with it 😑

落ち着いて対応しないと。

calm は「冷静な、穏やかな」という意味。
deal with は「〜に対処する」という意味です。

Had a meeting this morning

今朝は会議があった。

 have a meeting で「会議がある」という意味。
have はいろんな場面で使うことができる便利な動詞だから、ぜひマスターしよう♪

I'm glad my idea went through!

自分の案が通って嬉しい！

 I'm glad (that) は「〜して嬉しい」という意味の表現。
go through は「通過する」のほかに、「〜を経験する」って意味もあるよ！

IT WAS JUST A LOOOONG MEETING

ただ長〜〜〜いだけの会議だった。

 この just は「ただ〜だけ」という、すこしネガティブな意味で使われています。
LOOOONG と大文字にして伸ばすことで、会議の長さを強調している点にも注目！

A new event proposal for 3 months from now just started

3か月後にある新イベントの企画が始まった。

 proposal は「提案、提案書」や「企画」という意味。
from now は「いまから、これから」という意味です。

Gotta submit the proposal within a week ...

1週間以内に企画書提出しないと……。

 「〜を提出する」は submit のほかにも、turn in を使ってみよう♪
within は「〜以内に」という意味の前置詞です。

Can't think of any ideas ...

アイデアが浮かばない……。

think of an idea で「アイデアを思いつく」って意味。
ややくだけた come up with an idea と一緒に覚えておこう♪

Going to Hokkaido for work

出張で北海道へ。

「〜へ出張する」は go to 〜 for work のほかに、
go on a business trip to 〜とも表現できるよ。

TOO BUSY TO GET AROUND …

散策する暇もないくらい忙しかった……。

「〜すぎて…できない」という意味の too 〜 to … を使った文。
get around は「ぶらぶら歩きまわる」って意味!

Barely got to get some souvenirs. Phew.

かろうじてお土産ゲットできて一安心。

barely は「かろうじて〜」という意味の副詞。
get to は「〜することができる」の意味で覚えておくといいよ♪

GOT A CONTRACT!! YAYYYY

契約取れた!!

「契約を取る」は get a contract といいます。
ちなみに「契約する」は make a contract だよ!

My boss PRAISED ME cuz I worked so hard!!

頑張ったから上司に褒められた!!

praise は「〜を賞賛する、褒めたたえる」という意味。
cuz は because の略で、「〜だから」と理由を表す接続詞です。

My performance ain't doing well this month …

今月は成績よくない……。

performance には「成績、業績」のほかにも、「売り上げ」「公演」「腕前」など
いろんな意味があります。この ain't は、isn't で置き換え可能だよ♪

Been working overtime lately … boohoo

さいきん残業続きで、ぴえん。

I have been working … の I have を省略した、現在完了進行形の文。
boohoo は「えーんえーん」とか「しくしく」みたいな、泣き声を表す擬声語だよ♪

My overtime pay is gonna be A LOT this month!

今月はかなり残業代稼いだ！

「残業代」は overtime pay です。
a lot を大文字にすることで、金額の高さを強調しているよ♪

Lemme go home ON TIME tomorrow!

明日は定時で退勤させて〜！

lemme は let me の短縮形で、「〜させて」という意味の表現。
go home on time は「時間どおり家に帰る」つまり「定時で退勤する」って意味！

Always busy around the end of the month

月末頃になるといつも忙しい。

この around は「〜頃」という意味の前置詞。
the end of で「〜の終わり」だよ！

Might get depressed cuz there's TONS of things to do

やること多すぎて病みそう。

might は「〜かもしれない」という意味で、確信度の低い推量を表す助動詞。
depressed は「落ち込んだ、元気のない」という意味の形容詞だよ。

I'm as busy as a bee!

猫の手も借りたいくらい忙しい！

忙しいときのたとえとして日本語だと「猫の手も借りたい」というけど、
英語では例文のように「蜂のように忙しい」と表現するよ♪

Just started my side job 😏 🔥

副業始めました。

「副業」は side job のほかにも side hustle と表現できるよ！
hustle は「精力的な活動」の意味で、本業以外にも副業に精を出すイメージ♪

Wanna make some pocket moneyyyyy! 🥺

少しでもお小遣い稼ぎたい！

「お小遣い」は pocket money。
日本語でも「ポケットマネー」っていうよね！

It's great cuz I can do it in my spare time 😏

スキマ時間でできるからいい。

cuz は because を略したスラングで、「〜だから」と理由を表す表現。
in my spare time「スキマ時間で」は日記で使えるフレーズだから覚えておこう！

Got part-time from 7 pm today 😫

きょうは夜 7 時からバイト。

「アルバイト」はドイツ語に由来するカタカナ語です。
英語では part time (job) と表現するよ♪

Guess I made so much money this month! 😉

今月はめっちゃ稼いだはず！

guess は「〜と思う」の意味で、ここでは「〜のはず」というニュアンス。
make money で「稼ぐ」の意味になるよ♪

Wonder what my work shift will be like ... 😊

シフトどうなるかな……。

wonder は「〜かなと思う」の意味で、直訳すると「私のシフトはどんな感じになるかな」ということ。「シフト」は work shift で OK！

CHANGING JOBS!!

転職します!!

「転職する」は change jobs や switch jobs などと表します。
まだ転職前であっても、このように現在進行形にすることで
近い将来に起こる出来事であるというニュアンスが伝わるよ♪

Been thinking about changing my job lately …

さいきん、転職考えてる……。

think about -ing は「〜することを考える」という意味。
「情報を集めつつじっくりと考える」というようなニュアンスがあります。

Too much stuff to wrap my head around

覚えなきゃいけない難しいこと多すぎ。

stuff は「物、こと」を表すカジュアルな名詞。
wrap my head around は「難しいことを理解する」という意味だよ♪

Today is my last day working here!

ここで働くのはきょうで最後!

Today is 〜で文をはじめると、かんたんに「きょうは〜の日」といえちゃいます!
last day -ing は「〜する最後の日」という意味になるよ。

I worked here for damn 5 years

5年間もここで働きました。

for は期間を表す前置詞で、うしろに具体的な時間がつづきます。
「5年間も」と強調したいときは damn を使ってみて!

I'll def miss my coworkers

同僚に会えなくてさみしくなるだろうな〜。

def は definitely「確実に」の略で、ネイティブが会話などでよく使う副詞です。
miss は「〜がいなくて寂しく思う」の意味で、人と離れちゃうときに使ってみてね♪

Ugh. School again tomorrow …

うぅ、明日からまた学校だ……。

ugh は「うげっ」「おえっ」のように嫌悪感を表す間投詞です。
この例文のように思い切って動詞を省くのも、こなれ感のコツだよ♪

Wonder how my new class will be

クラス替えどうなるかなあ。

Wonder の前には主語の I が省略されています。
I wonder は「〜かなと思う」の意味だったね。

Prepping for the Culture Fair!

文化祭の準備中！

prep は「準備する」という意味の動詞で、prepare の略と考えると覚えやすいよ。
prep for で「〜の準備をする」という意味♪

Was so sleepy during classes today …

きょうの授業中、眠すぎた……。

during はうしろに特定の期間を表す表現を置いて、「〜のあいだ中」という意味。
「2時間」のように特定できない期間を表すときは、
for two hours のように for を用います。

The class was cancelled

授業が休講になった。

「休講になった」は、「〜を中止する」という意味の動詞 cancel を使います。
アメリカでは cancelled と、l（エル）を重ねることに注意！

My classes tomorrow are all going remote!

明日の授業はぜんぶリモート！

この go は「〜な状態になる」という意味。
形容詞をつづけて、go bad「悪くなる、腐る」や go viral「バズる」のように使うよ♪

Which seminar should I go to?

ゼミ選び迷うなあ。

直訳すると「どのゼミに行くべき?」ということ。
日本語では「ゼミ」だけど、英語では濁らずに「セミナー」と発音するから注意!

Which seminar should I take for learning US culture?

アメリカ文化を学ぶならどのゼミ?

ゼミや講義、授業などを「取る、受ける」ときは take を使うよ!

Gonna give a presentation tomorrow in class

あしたの授業でプレゼンする予定。

gonna は going to のスラング。
「プレゼンをする」ときにも、動詞の give が使えちゃうよ♪

Got lots of reports to kill

レポート溜まってる。

reports to kill は reports to do「こなすべきレポート」としても OK。
日本語でも「あのレポートやっつけなきゃ」みたいにいったりするけど、
kill はまさにそんなニュアンス!

Gotta get my presentation ready

プレゼンの準備しなきゃ。

get 〜 ready は「〜の準備をする」という意味。
この文は Gotta prepare for my presentation. と書き換えることもできるよ♪

It's due tomorrow

締め切り、明日までだ。

due は「期限である」という意味の形容詞で、うしろに締め切りがつづきます。
deadline「締め切り」を使って、The deadline is tomorrow. でも OK!

I think I did well on my French exam

フランス語のテスト、結構できたかも。

do well on my exam で「試験で高得点を取る」という意味。
French exam のように、exam の前に教科名を置いて使ってみてね!

Wish the exam was online

テスト、オンラインにならないかなあ。

wish は「〜を願う」という意味で、I wish のうしろに文をつづけると
「〜だったらいいのになあ」と実現性の低い願望を伝えることができます。
このとき、wish につづく文の動詞を過去形にすることに注意してね♪

Exams are over! I feel GREAT

テスト終わって解放感がすごい。

この over は「終わった」という意味の形容詞です。
feel great は「最高の気分で、気分爽快で」という意味♪

Gotta decide a theme for my graduation thesis

卒論のテーマ決めなきゃ。

gotta は have got to の略で、「〜しなきゃ」という意味のスラング。
「卒業論文」は graduation thesis でも、thesis だけでも表すことができます。

Stuck with my thesis ...

卒論で行き詰まってる……。

stuck with は「〜に行き詰まってる」という意味の表現。
この stuck は、「〜を動けなくする」という意味の動詞 stick の過去分詞形です。

Only got 2,000 letters left!

残りたった 2,000 字のところまできた!

この letter は「文字」の意味。
文字量をカウントするとき、日本語では 1 文字ずつ数えるから letter を使うけど、
英語では単語数を数えるから英語で論文を書く場合は word を使ってね。

Been a long time since all of us got together

久しぶりにみんなで集合。

直訳すると「みんなが集まって以来、長い時間が経った」ということ。
get together「集まる、集合する」は日記でよく使うので覚えておこう!

We've been practicing for our regular concert! 🔥

定期演奏会に向けてみんな練習頑張ってる。

【継続】を表す現在完了進行形の文。
practice for で「〜に向けて練習する」という意味になります。

So sad my seniors are retiring ... 😫

先輩たちの引退、悲しすぎ……。

senior は「年長者、先輩」という意味。反対に「後輩」は junior で表します。
「引退する」という意味の retire はカタカナ語にもなっているから覚えやすいね♪

Went to a café in my free time between classes 😉

空きコマにカフェですごした。

「空きコマ」は「授業と授業のあいだの空き時間」と翻訳して、
free time between classes と表現してみました。

Omg gotta finish ALL my assignment between classes!! 🐨

ああ、空きコマでぜんぶ課題終わらせないと!!

OMG は Oh My God または Oh My Gosh の略で、驚いたときやショックを受け
たときなどに使われます。assignment は「課題、宿題」の意味!

What should I do in my free time between classes? 😊

空きコマで何しようかな。

What should I do 〜 ? は「何を〜するべき?」という意味。
何をすべきか迷っているときに使ってみてね♪

Summer vacation is HERE! 😎 ✨

待望の夏休み！

直訳すると「夏休みがここにある」、つまり「夏休みがやってきた」ということ。
Summer vacation has come! と現在完了を使って表しても OK！

Wanna travel a lot 😋

たくさん旅行に行きたいな。

wanna は want to のスラング。
travel は比較的長い「旅行」を、trip は「短めの旅行」を意味します。

Gonna work part-time and save tons of money 😑

バイトしてたくさんお金貯めるぞ〜。

work part-time は「バイトする」、save money は「貯金する」という意味。
money は不可算名詞だから複数形にしないように注意！

I worked 5 days in a row 😠

5連勤した。

in a row は「連続して」という意味。
この文は、It was 5 straight days of work. のように書き換えることができるよ♪

It was so crowded and busy 😑

人多くて忙しかった。

crowded は「混雑した」という意味の形容詞です。
「電車が混雑していた」なら、The train was crowded. のように表現してね。

Should I have more than 2 jobs? 😉

掛け持ちしようかな。

Should I 〜?「〜した方がいい？」の形の疑問文は、日常会話でもよく使われる
から押さえておこう！ have more than two jobs は「2つ以上の仕事を持つ」、
つまり「仕事を掛け持ちする」ということ。

Might have someone that I like!

好きな人できたかも。

 直訳すると「私が好きな誰かがいるかもしれない」ということ。
might は「〜かも」という意味で、50%くらいの確信度を表すよ♪

I might have a shot!!

ワンチャンいけるかも !!

 have a shot は「チャンスがある」って意味!
恋愛にかぎらずいろんな場面で使えるよ。

Seems like he already has someone ...

もう彼女いるらしい……。

 It seems like that 〜 .「〜のようだ」という文の、It と that を省略した形。
already は「もう、すでに」という意味です。

Went on a date w a guy I've been thinking about

気になってた男の人とデートしてきた。

「〜とデートに行く」は go on a date with 〜で決まり!
例文の w はたった1文字だけど with の略だよ♪

Got a crush on him bc he's been nice allllll day

1日ず〜っと優しくて惚れた。

 get a crush on または have a crush on で「〜に惚れる、熱を上げる」の意味。
because は bc や cuz など、いろいろな形で略すことができます。

He's got a better sense of humor than I thought

意外とギャグセン高かった。

「ギャグのセンス」を略した「ギャグセン」は sense of humor で表現できます。
than I thought は「思ったより、意外と」という意味。

We met on a dating app and then went on a date

マッチングアプリで出会ってからのデート。

 「マッチングアプリ」は和製英語で、英語では dating app といいます。

He was NICE just as I imagined!

想像どおりのステキな人だった！

 この as は「〜のように、〜のとおりに」という意味。
just as I imagined で「ちょうど予想したとおりに」ということ！

Felt like we were MATCHING!

めっちゃ気が合うなって感じた！

 feel like は「〜という気がする」、matching は「ぴったりの」という意味。
「気が合う」という意味の hit it off を使って、Felt like we hit it off! でも OK ♪

Wait ... FINALLY, I GOT PROPOSED TO!!

待って。ついにプロポーズされた！！

 「プロポーズする」は英語でもそのまま propose という動詞を使います。
propose to で「〜にプロポーズする」という意味だから、
「プロポーズされた」は I got proposed to という形になるよ♪

I GOT ENGAAAAAAAGED!!

婚約しました〜！！

 engaged は「婚約中の」という意味。
get engaged で「婚約中という状態を手に入れる」、つまり「婚約する」！

Guess it's time to propose to her?

そろそろ彼女にプロポーズしようかな。

 it's time to do は「そろそろ〜する時間だ」という意味。
It's time to go to bed. なら「そろそろ寝る時間だ」となるよ♪

Had a fight w/ my bf 😒

彼氏とケンカした。

「ケンカする」は have a fight。
この文は Got in a fight with my bf. と書き換えることもできます。

I really regret fighting with him 😫

彼とケンカしたこと、本当に後悔してる。

regret -ing で「〜したことを後悔する」という意味。
regret to do「残念ながら〜する」と区別して覚えてね♪

I kno I can't blame it all on him tho … 😵

100% 向こうが悪いわけじゃないんだけど……。

kno や tho はネットスラングで、それぞれ know と though の短縮形。
blame A on B で「A を B のせいにする」って意味だよ。

Guess I should apologize to him asap 😭

できるだけ早く謝ったほうがいいよね。

apologize to で「〜に謝る」という意味。
asap は As Soon As Possible の略で、「できるだけ早く」ということ。

I wish I could start over again 😭

もう一度やり直せたらなあ。

I wish I could は「〜できたらなあ」の意味で、可能性の低いことを願う表現。
start over は「もう一度やり直す」という意味です。

Still so into him 😵

まだ全然好きなんだよなあ。

I'm still so into him. という文から I'm を省略したもの。
into は「〜に熱中している」「〜が好きだ」という意味だよ♪

For all who supported us, sorry, we broke up 😊

応援してくれてたみんなごめん、別れました。

「別れる」は break up。
「彼と別れました」なら、I broke up with him. のように with を使います。

Need some time to think 😑

ちょっと考える時間が欲しいな。

to think は「考えるための時間」のようにうしろから time を修飾しています。
time は基本的に不可算名詞だから複数形にならないけど、
three times「3 回」のように回数を表すときもあるよ。

Guess it's over now ... 😊

もう終わりかな……。

think よりも確信度が低いときに使えるのが guess だよ。
この over は「終わった」という意味の形容詞。

Went out for lunch with my mentor I respect

尊敬するメンターさんとランチ行ってきた。

go out for は「〜を求めて外出する」という意味。
go out for lunch なら「ランチに出かける」、
go out for a drink なら「飲みに出かける」ということ!

I really RESPECT her aspirational mind! 😳🔥

意識高くて本当に尊敬!

really を置き、さらに RESPECT と大文字にして尊敬度を強調しています。
aspirational は「向上心のある、野心的な」という意味!

Wish I could be like her someday 🥺

いつか私もあんな風になりたいな。

I wish I could は「〜できたらなあ」の意味で、可能性の低いことを願う表現。
someday は「いつの日か」という意味だよ♪

Hina is my BESTEST FRIEND!!

ヒナは最高の最高の友達！！

「最高の」という意味の best にさらに -est をつけて強調したのが bestest です。
「文法的に正しいの？」って疑問に思うかもだけど、ちゃんとした単語として載せて
る辞書もあるから調べてみてね♪

Never thought we'd be so close at first 😔

こんなに仲よくなるなんて、最初は考えてもみなかったな。

never thought は「考えもしなかった」の意味で、意外さを表すフレーズ。
close は「仲がいい」と言う意味の形容詞です。

We grew up together since elementary school 😆

小学校からの幼なじみ。

直訳すると「私たちは小学校以来、一緒に成長した」ということ。
grow up は「成長する」という意味だったよね♪

My squad make me feel like I can do more 😆 🔥

この子たちといると、もっとできるはずって思える。

squad は「いつメン」の意味。
make me feel like は直訳すると、「私に〜のように感じさせる」ということ。

Thank you for always being on my side 😊

いつも味方でいてくれてありがとう。

thank you for -ing は「〜してくれてありがとう」という意味の決まり文句。
be on my side で「私の味方でいる」って意味だけど、
前置詞の for のうしろだから being という動名詞の形にすることをお忘れなく！

YOUTH! ✨ ✨

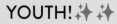

アオハル！

「若者」って意味で覚えがちな youth だけど、実は「青春」という意味もあります。

What a beautiful day! 😎

なんていい天気！

「なんて〜な…なんだろう」と感動を伝える表現。
beautiful day は「美しい日」ではなく、「いい天気」って意味で使われるよ！

What a beautiful sunset! 😋

なんてキレイな夕日！

「夕日」は「日が沈む」から sunset、「朝日」は「日が昇る」から sunrise ♪

The cloudless sky made my day! 😌

雲ひとつない晴れ空が嬉しい！

-less は「〜がない」という意味の接尾辞だから、cloudless は「雲ひとつない」。
make my day は「〜のおかげでいい日になる」という意味だよ。

It was raining cats and dogs 😑

土砂降りの大雨だった。

rain cats and dogs で「土砂降り」という意味。諸説あるけど、大昔に猫は大雨を招き、犬は強風を招くと考えられていたことからこんな言い方ができたんだとか。

My socks GOT SOAKED! 😵

靴下までびしょ濡れ！

get soaked は「ずぶ濡れになる」という意味。
get wet よりももっと濡れちゃうイメージだよ♪

Rushed & bought an umbrella bc I forgot mine 😫

傘持っていくの忘れてて慌てて購入。

rush は「急ぐ」という意味の動詞♪
bc は理由を表す because の略だったよね。

Gloomy skyyyyy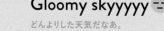

どんよりした天気だなあ。

gloomy は「薄暗い」とか「憂鬱になるような」という意味。
反対に「晴天」は、clear sky といいます。

This low air pressure makes me feel sick

低気圧で体調がすぐれない。

この sick は「病気の、体調が悪い」という意味。
feel を省いて makes me sick でも十分通じるよ♪

The weather was so comfy

過ごしやすい天気だった。

「いい天気」というだけでなく、「心地よい」「過ごしやすい」ニュアンスをプラス
したいときは、「快適な」を意味する comfortable の略 comfy を使ってみよう!

OFF TODAY bc a typhoon is coming

きょうは台風接近のためお休み。

日本語でも「きょうはオフ」といったりするように、英語でも「お休み」の意味で
off を使うことができます。have a day off で「1日休みを取る」という意味だよ。

Hope it changes its course tho

台風、外れたらいいけど。

tho は though の短縮形。
文の最後に tho をつけるだけで、「〜だけど」のニュアンスを出せるよ♪

Need to move the plants outside indoors

外の植物を家にしまわなきゃ。

need to do は「〜する必要がある」という意味。
the plants outside で「外にある植物」、indoors は副詞で「屋内に」の意味♪

LONG-AWAITED SPRING! 😊

待ちに待った春！

long-awaited は「待望の、念願の」という意味の形容詞。
SPRING をほかの名詞に置き換えるだけで、LONG-AWAITED PAYDAY!
「待望の給料日！」のように使える便利フレーズだよ♪

Everything ends and begins in this season 🙂

出会いと別れの季節。

直訳すると「すべてがこの季節に終わったり始まったりする」ということ。
everything は単数扱いの名詞だから、動詞に三単現の -s がつくことに注意！

Cherry blossoms were in FULL BLOOM 😍

桜が満開だった！

cherry blossom で「桜」、in full bloom で「満開の」という意味になります。

Season for cherry-blossom viewing 💕

お花見シーズンだなあ。

season for で「〜にぴったりの季節」ということ。
「お花見」は cherry-blossom viewing でもいいし、「桜の下での宴会」という
ニュアンスを出したければ、cherry-blossom viewing party としても OK！

UGH … this hay fever is KILLING ME!! 😫

ああ、花粉症しんどい！！

「花粉症」は英語で hay fever といいます。
この kill は物騒な意味ではなく、「〜を死ぬほど苦しめる」という意味。

Getting humid and hot these dayz … SUMMER TIME 😆

さいきん蒸し暑くなってきた、夏だね。

humid は「湿った、湿度が高い」という意味。
these dayz は these days のスペルを書き換えたこなれ表現だよ♪

All the cicadas' buzzing makes it feel like summer

セミたちの鳴き声が夏を感じさせる。

 cicada は「セミ」、buzz は「ブンブンと音を立てる」という意味。
make は「～させる」という意味の使役動詞だから、feel と原形がつづきます。

Looking forward to swimming in the ocean

海水浴たのしみだ～。

 look forward to は「～を楽しみにする」という意味。この to は前置詞だから、
うしろに動詞をつづけるときは swimming のように動名詞の形にすることに注意!

FIREWORKS FESTIVAL AT ODAIBA W/ MY BF

彼氏とお台場の花火大会。

「花火大会」は fireworks festival で。
fireworks だけでも「花火大会」という意味になるよ!

Wanna play with sparklers this summer

今年の夏は花火したい。

 play with は「～で遊ぶ」という意味だよ♪
「手持ち花火」は英語で sparkler といいます。

Just put on my yukata for the festival

お祭りで浴衣着てみた。

put on は「～を着る」という意味。「浴衣」はそのまま yukata で辞書に載っている
こともありますが、そもそも浴衣というものを知らない外国人に説明するときは
a casual kimono for summer「夏用のカジュアルな着物」と説明してみてね♪

Gotta be careful of heatstroke

熱中症には気をつけなきゃ。

be careful of で「～に気をつける」という意味。
「熱中症」は heatstroke だけど、この stroke には「突然の発作」の意味があるよ。

Getting cooler, fall-ish weather

だんだん涼しくなって、秋らしい天候。

fall-ish の -ish は単語のうしろにつけて、「〜っぽい」とか「〜らしい」という
ニュアンスをプラスすることができます。
いろんな単語につけることができて、5-ish なら「5時くらい」ってこと♪

Season for autumn leaves!

紅葉の季節！

「紅葉」は autumn leaves のほか、autumn foliage や fall foliage と表現します。
foliage は「葉」の意味だよ♪

Love autumn clothes THE BEST!!

秋服がいちばん大好き！！

love 〜 the best で「〜がいちばん大好き」ということ。
例文では THE BEST と大文字にすることで、さらに好き度を強調しているよ♪

DA BEST SEASON FOR EATING!!

食欲の秋！！

「食欲の秋」や「スポーツの秋」みたいな表現は、日本語だけのもの。
英語で表現するなら、「食べるのにぴったりな季節」と置き換えてみよう。
the を da に書き換えて、さらにこなれ感アップ♪

Wanna have some potato sweets

お芋のスイーツ食べたいな。

wanna は want to のスラング。
「食べる」という意味の have が、この例文でも使われています♪

Mmm I can smell fragrant olives

金木犀の香りがする〜。

smell は「〜の匂いをかぐ」という意味の動詞。
「金木犀」は英語で fragrant olives といいます。

The air feels cooold 😆

空気が冷たいね。

この feel は物が主語だから、「〜と感じられる」という意味。
cooold と伸ばすことで、冷たさを強調しているよ。

FIRST SNOW OF THE SEASON! 🌑

初雪！

直訳すると「この季節で初めての雪」、つまり「初雪」ということ。
雪にまつわる写真を添えて使ってみてね♪

I miss kotatsu so much …

こたつが恋しい……。

miss は「〜が恋しい、〜がなくて寂しい」という意味の動詞。
うしろに so much や so bad を置くことで、恋しさを強調できるよ♪

Hard to get up every morning 🌀

毎朝、起きるのがしんどい。

hard to do は「〜するのが難しい、しんどい」の意味。get up は「体を起こす」、
wake up は「目を覚ます」という意味だから、状況によって使い分けよう♪

FREEZING COOOOOLD! 😫

凍えるほど寒い！

freeze「凍る、凍りつく」から、freezing cold は「凍りつくくらいすごく寒い」
ということ。「肌寒い」くらいなら、chilly が使えるよ♪

Omg it's HAILING?!

えっ、あられ降ってる?!

hail は「あられが降る」という意味。
ちなみに「あられのひと粒」は hailstone といいます。

Hey yo! 😊

やあ！　やっほ！

相手の注意を引きたいときのカジュアルな表現です。

Heyyyyy guuuuys!!

みんな、やっほー！！

guys はここでは「みんな」って意味。
女性に呼びかけるときにも使える表現だよ♪

How are things? 😄

調子はどう？

カジュアルに調子を尋ねたいときに。
What's up? や Wassup? でも同じく「調子はどう？」という意味になるよ♪

I'm Maho! Nice meeting you all! 😎

はじめまして、Maho です！

学校では Nice to meet you! と習ったかもだけど、
Nice meeting you! ということもできるよ♪

I love Western series! 😎

海外ドラマ大好き！

Western には「欧米の」という意味もあります。
プロフィール欄に書いておけば、海外の人たちと共通の話題で盛り上がるかも？

I'm an ENGLISH LEARNER! 😉 🔥

英語勉強中！

learn「学ぶ」に、「〜する人」を表す接尾辞の -er をつけた learner は「学習者」
という意味。

I'll be posting about my everyday life in English 😆

日常生活を英語で投稿していきます。

post は「投稿する」という意味。
「日常生活」は everyday life や daily life と表現します。

Lmk if my English ain't correct. Lol 😉

英語が間違ってたら教えてね（笑）。

lmk は let me know「私に教えてね」の略。
if は「もし〜だったら」という意味の接続詞です。

Wakey wakey guys! 😚

おはよ!

超カジュアルな朝の挨拶だよ!

RISE & SHINE!! 💕

元気に起きましょう!!

ちょっとユーモアを込めて「起きて!」といいたいときに使ってみよう♪

HAVE A GOOD ONE! ✨

素敵な1日を!

海外ではお店で会計をしたあとに店員さんがいってくれたりするフレーズ。
午前中など、1日が始まる時間に使ってみてね♪

Welcome to a great day! ●●

いい日にしよう!

直訳すると「いい1日へようこそ」ということ。
Have a good one. と同じようなニュアンスだよ!

WE GOT THIS! 🔥🔥

今日もがんばろう!

直訳すると、「私たちならできる」って意味。
何かに挑戦する人を励ましたり、自分に気合を入れたいときに使ってみよう!

See you aroundddd 😎

またね〜。

「そのへんでまた会うかもね」みたいなニュアンス。
学校や会社に行ったり、出かけたりする前に使ってみよう!

Talk to you later! 💕

またあとで話そ!

頭文字を取って ttyl と略しても OK ♪

Take care ✨

気をつけてね。

別れ際に相手を気づかうときの定番フレーズ♪

Lemme know when we can see each other again! 😉

また会えるときは教えてね!

lemme は let me のスラングで、「私に〜させてね」という意味だよ。

I FINALLY got homeeeee! 😎

ようやく帰宅、ただいま!

get home で「帰宅する」という意味。
仕事や遊びで長い1日を過ごした日に使ってみてね♪

Howz it going everyoneee! 😎

みんな、おつかれさま〜!

日本語の「おつかれさま」と完全に一致するフレーズは英語にはないけど、
ニュアンス的にはこんな感じ♪ Howz は How's をカジュアルに書き換えたもの。

How was your day? 😆

どんな 1 日だった?

こうやって相手に問いかければ会話のきっかけになるかも?
1 日のなかでも遅めの時間に使ってみてね♪

Sweet dreams 💕

いい夢みてね。

相手が眠りにつく前に使ってみよう♪

Nitey nite! 😉

おやすみ!

nighty-night が変化した表現。
可愛く「おやすみ」といいたいときに♪

Thank you for always caring for me 😆

いつも気にかけてくれてありがとう。

thank you for -ing は「〜してくれてありがとう」という意味の決まり文句。
care for は「〜を大切に思う」という意味です。

Thank you so much for this special gift! 😎

こんなにステキなプレゼントをありがとう!

「プレゼント」は present でも gift でも OK !
プレゼントの写真を添えて使ってみてね♪

TA-DA! ✨ ✨ ✨

ジャーン！

日本語だと「ジャーン」や「テッテレー」みたいなイメージ！
なにかステキなものをお披露目したいときに使ってみてね♪

Congratz!! 🎉 🎉 🎉

おめでとう！！

congratulations を縮めて congratz ！
ここまでもう何度か登場したよね？

Congratuations on your marriage!! 🎉

結婚おめでとう！！

congratulations on で「〜おめでとう」と具体的にお祝いできるよ。
「昇進おめでとう！」なら Congratulations on your promotion! と使ってね♪

What a beautiful bundle of joy!! 🥹

なんて可愛い赤ちゃん！

bundle of joy は「赤ちゃん」のこと。
特に生まれたばかりの「新生児」を指すよ♪

HAPPY NEW YEARRRRRR! 💕 💕

あけましておめでとう！

新年を迎えたときの定番フレーズ♪

HAPPY HOLIDAYYYYZZ! 🎉

ハッピーホリデー！

アメリカでは 11 月末のサンクスギビングデーから、お正月くらいまでのあいだに
使われる定番フレーズだよ♪

Almost there!
（もうひと息）

いよいよ準備万端！

英語日記を
投稿してみよう

—

さあ、これまで学んできたことの総仕上げ！
この章では、英語日記を書く前の心がまえ、投稿のプロセス、
日記の投稿例など、かならず役に立つ情報をシェアしちゃいます♪

日記を書く前の
準備と心がまえ

 英語で日記を書きはじめる前に準備しておきたいものをまとめました。
すべてをそろえる必要はないから、自分に必要なものをチェックしてね。

① インスタのアカウント

「いま使ってるアカウントのフォロワーに英語日記を見られるのは恥ずかしい……」
そんな人は、思い切って英語日記用の新アカウントを作ってみよう！　英語日記用
のアカウントであることがわかるように、たとえば maho_diary や maho_
english_diary、maho_journal、maho_english_journal などの ID がオススメ♪

② 辞書・インターネット

「この日本語、英語でなんて言うんだろう……？」そんなときの心強い味方が辞書
です。紙の辞書でもいいし、ネット上で引けるオンライン辞書もあります。

たとえば検索サイトで「ネタバレ　英語」や「筋肉痛　英語」のように調べると、
英語の表現を見つけることができます。このとき、単語だけでなく例文をチェック
する癖をつければ、文のなかでの使い方が身について一石二鳥！

③ ノート・筆記用具

本書ではインスタへの投稿をオススメしていますが、「やっぱり日記は自分の字で
書きたい！」という人はノートに書いても OK！　スマホで文字をタイピングする
よりも、実際にペンを握って手を動かしながら書くことで英語が記憶に残りやすく
なるよ。ノートに書いた文字を写真に撮って投稿しても Good ♪

英語で日記を書くときに心がけてほしいのが、ハードルを下げるということ。最初から完璧な日記を書こうとすると難しく、三日坊主になってしまうよ。

① まずは日本語で考えても大丈夫!

「英語日記だから、英語で考えなきゃ……!」って、自分に無理なプレッシャーをかける必要はありません。まず日本語で書きたいことを考えてから英語に変換することで、マンネリを避けたり、日記の幅が広がったりという効果があります。

もちろん、英語が得意な人は最初から英語で書きはじめても大丈夫だよ♪

② 1日1行でも OK!

この本では、3 行分の日記を書くことをゴールにしています。でも、「3 行分の日記を毎日書き続けるのはキツいかも……」という人もいるよね。長めの英文を書かないといけないって思い込むと、負担になって続かなくなってしまう可能性があるから要注意!

忙しい日や書くことがない日は、1 行だけの投稿でも大丈夫! 1 日に書く分量よりも、無理なく書き続けることを優先しましょう。

③ 完璧を目指さない!

間違いのない英文を目指すことは大事だけど、非ネイティブ・スピーカーの私たちには限界があります。「完璧な英語日記を書こう!」と思うあまり、間違いを恐れて書けなくなってしまうことも……。大切なのは書き続けること。

SNS で英語の投稿を見てみると、ネイティブでも意外と間違った英文を書いています。文法や単語の使い方を気にしすぎて 1 文字も書けないでいるよりは、間違いを恐れずにどんどん書いてみよう!

日記投稿のプロセス ❶

テーマを決める

 いよいよここからは、英語日記を投稿するための手順を紹介していくよ!

いきなり書きはじめてしまうと、何が伝えたいかよくわからない日記になってしまうことも……。まず第 1 のプロセスは、テーマを決めること。

「日記＝その日あった出来事を書くもの」というイメージがあるかもだけど、書くことがない日は、たとえば趣味やルーティンについて書いても OK！ 英語力アップはもちろん、現在の自分と向き合って見つめ直すことができるよ♪

 おもな日記のテーマをいくつかまとめてみたよ!
書くことに困ったときは、このなかから 1 つ選んでみよう。

① きょうの出来事について

> 例 出かけた場所、誰と出かけたか、そこで何をしたか　など

② 見たものや読んだものについて

> 例 映画やドラマの感想、小説やマンガのレビュー、アート作品の印象　など

③ 趣味や特技について

> 例 スポーツ、読書、編み物、ゲーム、推し、さいきんハマっていること　など

④ 毎日の習慣やルーティンについて

> 例 平日の過ごし方、休日の過ごし方、朝の過ごし方、夜の過ごし方　など

⑤ 新しい学びやアイデアについて

> 例 印象的な人との出会い、感動した本の一節、日々の学びや気づき　など

まずは日本語で考える

 日記のテーマが決まったら、次は日本語で3行くらいの日記を書いてみよう。英語が得意な人はもちろん、英語で書きはじめても大丈夫！

日本語で3行日記を書くときは難しく考えず、とりあえず思いついたことをノートやスマホのメモ帳アプリにメモしよう。3行以上書いてからバランスを考えて削ってもいいし、反対に1行を分割して2行にしたりするなど構成を工夫して、下書きを固めるのもOK！

 たとえば映画を見に行ったことを日記にするなら、こんなパターンが考えられるよ♪

1 気軽に書ける " バランス型 "

出来事 ついに彼氏と『キングダム』見に行けた。

感想 めっちゃおもしろかった！

締め また一緒に行こうね。

2 出来事を掘り下げる " 解説型 "

出来事 ついに彼氏と『キングダム』見に行けた。

解説 古代中国を舞台に将軍を目指す少年を描いた映画。

感想 めっちゃおもしろかった！

③ 出来事おおめの"報告型"

> **出来事** ついに彼氏と『キングダム』見に行けた。
>
> **出来事** そのあとはカフェで感想会。
>
> **出来事** 最後はシェイクシャックでハンバーガー食べたよ！

④ 感想おおめの"感動型"

> **出来事** ついに彼氏と『キングダム』見に行けた。
>
> **感 想** めっちゃおもしろかった！
>
> **感 想** ストーリーも音楽も最高！

ここで紹介したパターンは、あくまでも一例です。
いろいろ試しながら、書きやすい型を見つけてね♪

日記投稿のプロセス ❸

下書きを英訳する

日本語で下書きをまとめたら、いよいよ英語にしていこう！
231 ページのバランス型の下書きを例に、英訳するときの考え方や注意点
を説明するよ。

| 1行目 | ついに彼氏と『キングダム』見に行けた。 |

| 2行目 | めっちゃおもしろかった！ |

| 3行目 | また一緒に行こうね。 |

この例で
書いてみよう！

投稿のプロセス ❸

① 知っている英単語やフレーズを使って書いてみよう

この本で学んだフレーズや頭に思い浮かんだ単語をもとに、日本語の内容を英語に
置き換えていきます。日本語の下書きは、英語にしやすいように言い換えても
OK。このとき、わからない表現はいったん置いておくこと！

| 1行目 | ついに彼氏と『キングダム』見に行けた。 |

→ **I went to see the movie "Kingdom" with my boyfriend.**

💬 「ついに」がわからないから、とりあえず置いておこう。

| 2行目 | めっちゃおもしろかった！ |

→ **It was so interesting!**

💬 「おもしろい」って interesting でいいんだっけ？

| 3行目 | また一緒に行こうね。 |

→ **I want to go to see a movie again.**

💬 「〜しよう」って呼びかけるにはどうすればいいの？

② わからない単語をチェック

たとえば 1 行目の「ついに彼氏と『キングダム』見に行けた」を英語にするときに、「ついに」という日本語に当たる英語がわからないとします。そんなときはネットで「ついに　英語」と検索してみましょう。finally や at last といった表現がヒットするはずです。

次に、finally を英文に足そうとしたときに、文のどこに置けばいいのか迷うこともあるでしょう。英単語の使い方を確認したいときは、さらに「finally　例文」などと検索して例文を探してみましょう。

次のような例文が出てきたとします。

> Q検索結果
>
> **Finally,** I finished my homework.（やっと宿題を終えた）
> **Finally,** she passed the entrance exam.
> （とうとう彼女は入学試験に合格した）
> They **finally** found the treasure.（ついに彼らは財宝を発見した）

例文を眺めると、「finally は文のはじめか動詞の前に置けばいいんだ！」とわかるよね♪　finally を文のはじめに置いて、英文をブラッシュアップしましょう。

1行目 ついに彼氏と『キングダム』見に行けた。

→ Finally, I went to see the movie "Kingdom" with my boyfriend.

③ 英単語のニュアンスを調べる

たとえば 2 行目の「めっちゃおもしろかった！」を英語にするときに、「おもしろい」という形容詞で迷ったとします。ひとくちに日本語で「おもしろい」といっても、笑えるおもしろさもあれば、好奇心が刺激されるおもしろさもあるよね？

そんなときは、「おもしろい　英語」と検索してみましょう。次のような検索結果が出てくるはずです。

🔍**検索結果**

興味や関心を抱かせるようなおもしろさ …… interesting
テレビや映画のような娯楽的なおもしろさ …… entertaining
コメディのようなつい笑ってしまうおもしろさ …… funny
笑い転げてしまうほどのおもしろさ …… hilarious

ニュアンスの違いを踏まえて、自分の感じた「おもしろい」に近いものを選びます。「『キングダム』はコメディ映画じゃないから funny や hilarious はおかしいな、興味深いおもしろさというよりは、見ていてワクワクする映画だったから entertaining かな？」というように考えて、interesting を entertaining に書き換えます。

2行目 めっちゃおもしろかった！
➡ It was so entertaining!

④ しっくりこないときは 1 文まるごと調べても OK！

3 行目の「また一緒に行こうね」は、たとえば I want to go to see a movie again.「また映画を見に行きたい」でも十分伝わりますが、堅い英語のような気がしてしっくりこないかも。そんなときは、「また行こうね　英語」のように 1 文まるごと検索してみよう。

Let's go again. のような英文がヒットするはず！　Let's 〜 . は「〜しよう」と相手を誘うときの表現だよね。特定の相手に呼びかけるときは、こちらのほうが自然だと考えて、3 行目も書き換えてみます。

3行目 また一緒に行こうね。
➡ Let's go to see a movie again.

日記投稿のプロセス **4**

" こなれ感 " をプラス

....

さて、ここまでのプロセスで英語の3行日記が書けたけど、
ネイティブのようにカッコよくてフレンドリーな英文にしたいときは、
第2章で学んだ " こなれ感 " を出すコツを使ってみてね♪

① 主語を省略する＆大文字で強調する

1行目 ついに彼氏と『キングダム』見に行けた。

Finally, I went to see the movie "Kingdom" with my boyfriend.

- わざわざ主語をつけなくても自分が主語だとわかるので省略しよう。
- ずっと見に行きたかったので、「ついに」を強調しよう。

→ FINALLY went to see the movie "Kingdom" with my boyfriend.

② 大文字で強調する＆単語を引き伸ばす

2行目 めっちゃおもしろかった！

It was so entertaining!

- 「おもしろい」にあたる箇所を強調しよう。
- 単語を伸ばしてキャッチーにみせよう。

→ It was sooooo ENTERTAINING!

③ 簡単な動詞で置き換える&間投詞を使いこなす

3行目 また一緒に行こうね。

Let's go to see a movie again.

- 💬 see a movie の繰り返しを避けるために do it で書き換えよう。
- 💬 さらに " こなれ感 " を出すために間投詞をプラスしよう。

➡ Let's do it again!! Yayyyy!

完成した3行日記

1行目 FINALLY went to see the movie "Kingdom" with my boyfriend.

\ 完成 /

2行目 It was sooooo ENTERTAINING!

3行目 Let's do it again!! Yayyyy!

ほら、一気にネイティブっぽい日記に近づいたよね！
フォロワーさんが憧れるカッコいい英文を、みんなも書いてみて♪

日記投稿のプロセス ❺

日記に写真を添える

 文字のほかにインスタ投稿で重要なものといえば、写真だよね。
このページでは、英語日記にどのような写真を添えればいいかを紹介するよ。
自分のホーム画面に並んだときにワクワクするような写真や画像を用意してみて♪

① 英語日記用の写真を用意しよう

日本語で投稿するときは、旅行先で風景写真を撮ったり、おいしそうなスイーツを撮ったりするよね。英語日記でも同じように、あらかじめ使えそうな写真を用意しておこう。たとえば「彼氏と映画を見に行った」という日記なら映画のポスターや半券の写真とか、ポップコーンを抱えた自撮りでも OK !　日記に書きたいことをイメージしながら写真を撮る癖をつけると、投稿しやすくなるよ。

② 日記用の写真がないときは……

写真うつりがよくなかったり、写真を撮り忘れたりした経験、誰にでもあるよね。「載せる写真がないから……」という理由で英語日記を書かないのはもったいない！写真がなくて困ったときは、Unsplash や Pixabay、BURST などのウェブサイトからおしゃれなイメージ画像を借りるのも手です。使用条件に目を通して、個人のSNS で使用できる著作権フリーの画像であることを確認してから投稿してね♪

③ 画像は自作しても OK

日記と関連した写真を載せるのが主流だけど、必ずしもそうする必要はないよ！写真がニガテだったり、身の回りの写真をネットに上げるのに抵抗があったりするときは、スマホに入力した日記の文字をスクショして画像化してみよう。文字の色やフォントを工夫すれば、文字だけでも十分映える画像ができるはず♪

日記投稿のプロセス ❻

いよいよ投稿してみる

 文字と写真がそろったら、ゴールはすぐそこ！
投稿ボタンを押す前に、最後の仕上げにハッシュタグを設定しよう。
がんばって書いた日記の読者を増やすことができるよ♪

① オススメのハッシュタグ

この本のオススメが #インスタ英語日記 です。わたしもよくこのタグで英語日記を
書いてるよ♪

#英語日記 というハッシュタグをつければ自分と同じように英語で日記を書いてい
る日本人とつながったり、#journal や #journaling というタグをつければ海外の
人とつながれちゃうかも！？

もうひとつ、もしよかったら #maho_ej というハッシュタグをつけてみてね。こ
の本オリジナルのハッシュタグだから、一緒に学んできた仲間とつながることがで
きます。私もときどきこのタグを覗いてみて、"いいね"をつけたりするかも♪

② ハッシュタグは単語登録しておこう

複数のハッシュタグを手で打ち込むのは面倒くさいもの。よく使うハッシュタグは
スマホのユーザー辞書に単語登録しておいて、すぐ呼び出せるように設定しよう。
使い方がわからない場合は、「iPhone　単語登録」「Android　単語登録」と検索し
てみてね♪

Watched my friend's rec "About Time" yesterday!
Not too much to say it was the BEST movie
I've ever seen😭💕
It made me cryyyyyy😭😭😭

きのう、友だちオススメの『アバウトタイム』見た！
控えめにいって最高だった。
マジで泣けた。

ここからは、実際に日記の投稿例を見ていこう！
230 〜 232 ページで解説した日記のテーマとパターン、
第 2 章の "こなれ感" を出すコツを踏まえた日記になってるよ。

左ページの投稿例は、「見たものや読んだものについて」というテーマと、
出来事＋感想＋感想の「感想おおめの "感動型"」パターンの組み合わせ。
1 行ずつくわしく見ていこう！

1行目 きのう、友だちオススメの『アバウトタイム』見た！

→ Watched my friend's rec "About Time" yesterday!

- 「日記＝自分のこと」だとわかるので主語は省略！
- 略語の rec でこなれ感 UP！

2行目 控えめにいって最高だった。

→ Not too much to say it was the BEST movie I've ever
seen 😭 💕

- 第 3 章の「映画」からフレーズを引用！
- 「最高」を大文字で強調！

3行目 マジで泣けた。

→ It made me cryyyyyy 😭 😭 😭

- 第 3 章の「映画」からフレーズを引用！
- 第 1 章で紹介した make が活躍！

1 行目では rec(=recommendation「オススメ」) という略語を使って、
すっきり読みやすくまとめています。

2 行目と 3 行目は 112 〜 113 ページの「場面別フレーズ」からの引用。
感想が思い浮かばないときはそのまま使っても OK！

3 行目の make は 39 ページで紹介した用法。
簡単な単語を使った方がよりキャッチーな文章になるよ♪

英語日記の投稿例 ②

Been obsessed with hookah bars lately 😎
Got a grape flavor this time,
n it was pretty greattt!
Which one should I try next time?? 😜 🤯

さいきん、シーシャバー行くのにめっちゃハマってる。
今回はグレープ味にして、かなり美味しかった〜!
次はどの味にしようかな??

左ページの投稿例は、「趣味や特技について」というテーマと、
出来事＋感想＋締めの「気軽に書ける"バランス型"」パターンの組み合わせ。
1行ずつくわしく見ていこう!

1行目 さいきん、シーシャバー行くのにめっちゃハマってる。

→ Been obsessed with hookah bars lately 😎

「日記＝自分のこと」だとわかるので I have は省略!

2行目 今回はグレープ味にして、かなり美味しかった〜!

→ Got a grape flavor this time, n it was pretty greattt!

主語の省略＆単語の語尾を伸ばす!
スペルを書き変えてこなれ感 UP!

3行目 次はどの味にしようかな ??

→ Which one should I try next time?? 😉 😎

問いかけで締めてフレンドリーな印象に!

1行目の「ハマる」は be into でも be obsessed with でも OK だけど、
「(取り憑かれてるくらい) 超ハマってる!」と強調したいときは後者!

2行目では主語の I を省略し、and を n と書き換えてキャッチーに。

3行目の締めの一言を疑問文にすれば、
読み手に直接語りかけているようなフレンドリーな日記になるよ♪

Drinking hot water is a MUST for my mornings●●
And just take it slow in the shower …
Then make myself some real GOOD coffee☺️☕
#mymorningroutine

毎朝、必ず白湯を飲んでいます。
そして、のんびりとシャワーを浴びて……。
それから、自分で美味しいコーヒーを入れます。
これが私の朝のルーティン。

左ページの投稿例は、「毎日の習慣やルーティンについて」というテーマと、出来事+出来事+出来事の「出来事おおめの"報告型"」パターンの組み合わせ。1行ずつくわしく見ていこう。

1行目 毎朝、必ず白湯を飲んでいます。

→ Drinking hot water is a MUST for my mornings ●●

- 言葉の置き換えでシンプルに!
- 大文字で強調!

2行目 そして、のんびりとシャワーを浴びて……。

→ And just take it slow in the shower ...

- just で強調&こなれ感 UP!

3行目 それから、自分で美味しいコーヒーを入れます。これが私の朝のルーティン。

→ Then make myself some real GOOD coffee 😊 👅
#mymorningroutine

- Then で出来事の順番をわかりやすく!
- 大文字で強調!

1行目では、what I do everyday「毎日すること」と説明するよりも、must「欠かせないもの」と1語で置き換えて読みやすくしているよ!

2行目は動詞 take の前に just を入れ、「のんびり」の部分を強調。take it slow は「ゆっくりやる」という意味。

"報告型"では、2行目の And「そして」や3行目の Then「それから」のように副詞で文をはじめることで出来事の順番がわかりやすくなるよ。ハッシュタグを使いこなして、さらに"こなれ感"UP!

Found this line in a book I recently got:
Life is not about always being right, it's about
learning and helping each other grow.
I used to be afraid of making mistakes in English,
but found out it's OK to make 'em●● ✨ ✨

さいきん買った本の中に、こんな1文があった。
人生とは、いつも正しくあることではなく、学ぶこと、
そしてお互いが成長できるように助け合うこと。
英語を使うときに間違いを恐れていた私だけど、間違ってもいいんだと気づけた。

左ページの投稿例は、「新しい学びやアイデアについて」というテーマと、
出来事＋説明＋感想の「出来事を掘り下げる"解説型"」パターンの組み合わせ。
1行ずつくわしく見ていこう。

1行目 さいきん買った本の中に、こんな１文があった。

→ Found this line in a book I recently got:

　　　　主語の省略＆動詞の置き換え！
　　　　第1章で紹介した get が活躍！

2行目 人生とは、いつも正しくあることではなく、学ぶこと、そしてお互いが
成長できるように助け合うこと。

→ Life is not about always being right, it's about learning
and helping each other grow.

　　　　感動した文章を引用して説得力 UP ！

3行目 英語を使うときに間違いを恐れていた私だけど、間違ってもいいんだと
気づけた。

→ I used to be afraid of making mistakes in English, but
found out it's OK to make 'em●● ✨ ✨

　　　　略語を使ってこなれ感 UP ！

 1行目は bought「買った」を使っても OK だけど、
あえて got「手に入れた」を選べばこなれた印象に。

 2行目のように本の一節を引用するときは長くなりすぎないようにして、
作者の名前や作品名を添えるように心がけましょう。

 3行目の 'em は them の略。mistakes in English「英語の間違い」を
指していますが、何度も繰り返すと、くどくなるので短くしているよ♪

"ちょい足し"できる締めの１フレーズ

ここまで、３行分の英語日記を書くことを目標にしてきたよね。
でも、日によっては「どうしても２行しか書けない！」
「あと１行が思い浮かばない！」ということもあるはず。
そんなときのために、最後に"ちょい足し"して
日記を締められるフレーズを紹介します！

| またね | **Cya!** |

c は see の、ya は you のスペルを書き換えたもの。
つまり Cya! = See you! ということ。

| 次回も楽しみ！ | **Looking forward to the next time!** |

| またいきたい！ | **Gotta go there again!** |

gotta は have got to の略で、「〜しなければならない」のスラング。
「またいかなきゃ」、つまり「またいきたい」ということ。

| またやろうね！ | **Let's do this againnnn!** |
| またすぐ 会おうね！ | **See u ASAP!** |

u は you のスペルを書き換えたもの。
ASAP は As Soon As Possible「なるべくはやく」の略だけど、会話では
Check it out ASAP.「いますぐにでも見て！」のようなニュアンス。

| また会いたいな。 | **Wanna see you again.** |

wanna は want to のスラングだったよね。

| またすぐ話そ！ | **Let's talk again soon!** |
| また投稿するね！ | **Will post something again soon!** |

| 明日はどんな日に なるかな? | Wonder what kinda day it'll be tomorrow. |

| 明日は 晴れてほしいな。 | Hope it'll be sunny tomorrow. |

| 明日は 何書こうかな? | Wonder what to write tmrw. |

| とりま、 素敵な1日を! | Anyways, have a good one guys! |

英会話でも使える、別れ際の表現♪

| 頑張ってきます! | Wish me luck! |

「頑張ってくるから幸運を祈っていてね」みたいなニュアンス。

| いってきます。 | See you later. / Gotta go now. |

| いってらっしゃい。 | See you later. / Take care. |

| 応援してます！ | Rooting for you! / Wish you the best! |

 root は「応援する」という意味の動詞です。

| 大好き！ | Lots of love! |

| これまでもこれからも、ずっと大好き！ | Love you, always have, always will! |

 I love you, I have always loved you, I will always love you! の略だよ♪

書くことがない日に使える1フレーズ

毎日、会社で一生懸命に働いたり、学校で勉強したりしていると、
「忙しすぎて仕事以外なにもしてない！」「きょうは1行も書くことがない！」
と嘆きたくなる日もあるはず。
そんな日のために、たった1行でもそのまま投稿できる
超便利＆おしゃれなフレーズを集めました！

月曜の気分。	Monday mood.

 休日明けの月曜日、憂鬱な気分のときに。

振り返りの木曜。	Throwback Thursday.

 昔の懐かしい写真と一緒に投稿するためのフレーズ。

楽しい日曜日。	Sunday Funday.

ダラダラした日。	**Lazy day.**

のんびりした日。	**Chill day.**

仕事の日。	**Work day.**

 仕事しかしなかった日に使ってみよう。

忙しすぎた日。	**Busy day. / Hectic day.**

いい日でした!	**Was a good day!**

忘れられない日。	**Unforgettable day.**

| 一生の思い出。 | **A lifetime memory.** |

| ～のハイライト。 | **Highlights from ～.** |

 旅行やイベントのハイライトとして、いくつか写真を投稿するときに。

| 撮り溜めした写真。 | **Photo dump.** |

 写真をまとめて投稿するときに使ってみてね。
Summer dump. なら「この夏に撮り溜めした写真」になるよ!

| 今日の服。 | **OOTD.** |

 Outfit Of The Day の略。
服込みの自撮り写真と一緒に使ってみよう♪

これ、 あり？ なし？	**Yay or nay?**

 新しい服やメイクなどを投稿して、ありかなしか意見を聞いてみたいときに。

何か質問ある？	**Any questions?**

友だち！	**My squad!**

ずっと友だち！	**BFF!**

みんな大好き。	**Love y'all.**

 y'all は you all「みんな」の略。

| 載せる写真が
ない……。 | Got no pix to post ... |

pix = picture のこと。

| 書くことなく
なってきた……。 | I'm running out of things
to write ... |

| きょうはまっっっったく
何もしなかった。 | I did ABSOLUTELY nothing
today. |

それでも書くことがないときは、"Vogue 73 questions list" と検索してみよう。
思わず答えたくなるような質問に出会うことができます。
英語の質問に英語で答えることで英語力アップにつながるし、自己紹介にもなるよ！

他の投稿に コメント するときのフレーズ

想像してみて!
自分の日記にコメントがもらえたら、うれしいしモチベに直結するよね?
ここでは他の人の投稿にコメントするときに便利な表現を紹介します。
海外の有名人や英語日記仲間にコメントして
世界中のみんなと繋がろう!

すごい!	That's cool! / Dope! / Wow!

かわいい!	Cute! / Kewt!

きれい!	Beautiful! / Gorgeous!

かっこいい!	Cool! / Handsome!

 「顔がかっこいい」といいたいときは handsome を使おう。

最高!	Awesome!

素敵!	Wonderful!

マネしたい!	Wanna copy you so much!

おしゃれ!	Fashionable!

イケてる!	Cool!

楽しそう!	Looks fun! / Sounds fun!

本当によかった!	Was real good!

CHAPTER 4

| やったね! | **Congratz! / Kudos to you!** |

 kudos は「称賛」の意味。

| 感動した。 | **I was so moved.** |

| 泣いた。 | **It made me cry.** |

| 安心した。 | **What a relief.** |

| 本当に? | **Seriously? / Srsly? / Really? / For real?** |

| 信じられない! | **Unbelievable!** |

| ありえない! | No way! |

| 本物? | Is that real? |

| やばい! | Crazy! / Sick! / Omg! |

| おもしろい。 | Funny. / Hilarious. |

| ウケる。 | This sends me. |

「おもしろすぎてどこかに行ってしまう」という意味。

| お腹よじれる! | This hurts my stomach. |

「お腹」は stomach じゃなく belly でも OK。

超楽しみ!	I'm so looking forward to it!
ドキドキ!	My heart's beating so fast!
ワクワクする!	So exciteddddd!
ヒヤヒヤする!	So THRILLED!
なにこれ!?	What the hell is this!?
こういうの、よくないと思う	I don't think it's ok.
ひどい。	Terrible.

かわいそう。	**Pitiful.**

フォロー外します。	**I'm unfollowing you.**

美味しそう。	**Looks good. / Looks tasty. / Looks delicious.**

飯テロ。	**Food porn.**

よだれ出る。	**This makes me drool.**

どこのお店?	**Where's this?**

レシピください!	**Recipe pls!**

頑張れ!	Wish you the best!
応援する!	Rooting for ya!
インスタいつもみてます!	I always check out your Instagram!
励みになります!	You're my inspiration!
布教します!	Let me plug youuuuu!

 plug は「〜を宣伝する、売り込む」の意味!

私も英語勉強してます!	**I'm learning English too!**

私も英語日記書いてます!	**I'm writing my English journal too!**

一緒に頑張ろ!	**Let's keep up with it together!**

またコメントします!	**I'll drop some comments again!**

わたしの英語はまだまだです。	**My English ain't really there yet.**

 この ain't は isn't の代わりになるスラング。

英語上手ですね!	**Your English is so damn good!**

 damn は「すごく」という意味のスラング。

英語日記を書きつづけるコツ

ここまで一緒に学んできたみなさんは、きっと英語で日記を書くための基本が身についたはずです。でも、日記を書き続けていくうちにネタ切れしてしまったり、忙しい日はサボってしまったりということもあるでしょう。英語に限らず、何事も「継続は力なり」です。コツコツ書き続けるためのコツを紹介するので、参考にしてね♪

① 頑張りすぎない

「毎日違うトピックを選んで、内容も充実させて、完璧に正しい英文を書かないと……」よい日記にしようと心がけることは大切だけど、思い詰めすぎるといつかしんどくなって日記が書けなくなってしまうかも。英語日記を書きつづけるためには、心のなかのハードルを下げてみることも大切です。1 日あたり 15 〜 20 分くらいを目標タイムに設定して、気負わずに楽しみながら書き続けましょう。

② ふだんから日記のネタを集める

英語日記をつづけられない理由の上位は、「書くことがないから」ではないでしょうか。ネタ切れを起こさないように、日頃からスマホのメモ帳アプリなどに「きょうのハイライト」を書きためる癖をつけておきましょう。「うれしかったこと」「面白かったこと」「気になったこと」「心が動いたこと」など、なんでも OK です！

③ 決まった時間に書く

「きのうは夜おそくに日記を書いて、きょうは休みだから昼に書いて……」すこしの空き時間を見つけて日記を書き続けることも大切ですが、いつも決まった時間に書くことで、習慣化しやすくなります。人がなにかを習慣化するには 21 日間かかるという説があります。まずは 21 日連続を目指して、同じ時間に日記を書くことをルーティンにしましょう。

④ すぐに書ける環境をつくる

人間はとりかかるのに 20 秒以上かかる作業を面倒くさく感じて、つづかなくなる傾向にあるといわれています。「インスタグラムやメモ帳アプリをスマホのアクセスしやすい場所に置いておく」「英単語を調べる用のウェブサイトをお気に入りに登録する」などして、いつでもすぐに英語日記を書きはじめられる環境を用意しましょう。

⑤ ゴールを明確にする

ゴールや目標が曖昧なまま、なんとなく勉強を続けようとしても、うまく続かないもの。英語学習に限らず、運動やダイエットでも同じですよね。なんのために英語日記を書くのか、ゴールを明確にすることが大切です。

「英語を話せるようになりたいから」というゴールを考えてみましょう。正直、ちょっとだけまだ曖昧かもしれません。「なぜ英語を話したいのか」「いつまでに話せるようになりたいのか」など深掘りしてゴールを具体化することで、なりたい自分をよりイメージしやすく、英語学習を続けるモチベーションがアップします。

英語は、いわばツールです。その道具を使って、みなさんはどんな目標を達成したいですか？　たとえば、「英語を話せるようになって、海外を旅して世界中に友だちをつくる！」「英語を話せるようになって、4 年に 1 度、かならずワールドカップ開催国を訪れて現地のサポーターと英語で語り合う」「英語を話せるようになって、英語を使って海外で仕事する」などなど！　夢やゴールを見えるところに書き出しておけば、目標を見失うことなくコツコツ学び続けることができるでしょう。

英語日記の その先へ

あなたが書いた英語日記にはきっと、この本で学んできた英単語やフレーズが反映されているはずです。でも、英語日記はあくまでも英語学習の入り口の1つにすぎません。英語日記をきっかけにして、英語力をさらに磨くための方法をシェアします。

① いつもと違う英単語や表現を選ぶ

英語日記を書き続けることで、確実にライティング力がアップしていきます。でも、いつも同じ英単語やフレーズばかりを使っていると、それ以上表現の幅が広がらなくなってしまうことも。あえていつもとは違う英単語や表現を選んで日記を書く勇気をもちましょう。

② 書いた日記を声に出して読む

せっかく頑張って書いた英語日記だから、書きっぱなしじゃもったいない！自分で書いた英文は声に出して読む練習をしてみましょう。最初は文字を見ながら、次に文字を見ずに音読できるようになるまで練習すると、スピーキング力がアップします。さらに口に出すことで英単語やフレーズが身につきやすくなり、日常英会話の上達にもつながります！

③ スマホの音声入力機能を使う

ふつう文字を入力するときに使うのは指先ですが、さいきんではスマホの音声入力機能が使えるようになりました。スマホに向かって話しかける形で文字を入力すれば、スピーキング力アップに直結するよ♪ ぶっつけ本番で入力してもよし、下書きした英文を読み上げて入力してもよし！ 発音が正確じゃないと入力できないから、発音のチェックにもなります。

おわりに

最後までこの本を読んでくれたみなさん、いかがでしたか？
"こなれ感"のある英語日記を書くための準備はととのいましたか？

英単語やフレーズを使いこなせるようになることはもちろん大切です。
しかし、日本人であり、独学で英語を習得した私が考える、語学を勉強するうえで大切なことがもうひとつ。
それは、「ポジティブであること」です。

日本では昔から、謙遜することが美徳とされてきました。
たとえば、すごく流暢に英語が話せる人に「英語、上手ですね」と話しかけても、「いえいえ、そんなことないですよ」とか「まだまだです」みたいな返事をもらうことがありますよね。

そんな私たちが陥ってしまうのが、本当はいくらか英語が話せるのに、本当はいくらか英語が書けるのに、「できない」と思い込んでしまうこと。
このネガティブなマインドセットは、英語を書いたり話したりするときに、大きな足かせになってしまいます。

この本でも書いたとおり、英語は言語です。
英語は生き物です。

ネイティブ・スピーカーだって、いつも100%正しい完璧な英語を使っているわけではありません。
多くのネイティブが英文法の本では間違いとされているような表現で話したり、書いたりしています。

日本人だって、たまに日本語を間違えることがありますよね？
それと同じです。

つまり、間違っていいんです。
かならず正しい英語を話さないといけない、書かないといけない、そんなこと
はないんです。

グローバル社会となった現代では、世界中の人びとが英語を第二言語として学
んでいます。世界中の英語学習者が（すこし）間違った英語を話したり、書い
たりしています。
いろんなスタイルがあり、人それぞれに個性があります。

この本を通じて、私がみなさんに願っていることがあります。
「英語ができない」「英語がニガテ」という呪いから解き放たれること。
そして、自由に楽しく英語を話し、書いていくこと。

> Life is not about always being right, it's about learning and
> helping each other grow.
> 人生とは、いつも正しくあることではなく、学ぶこと、
> そしてお互いが成長できるように助け合うこと。

この言葉こそ、英語を学ぶすべての人にいちばん大切にしてほしいのです。

英語を話したり書いたりするのが楽しくて仕方ない、そんな素敵な英語生活を、
みなさんが送れますように。

maho

I'm rooting for you!

maho

シンガーソングライター／英語講師。
4 年間、英会話スクールの英会話講師を経験。
3 年間、音楽芸能事務所に所属し、邦楽ロックバンドのギターボーカルとして全国ライブツアーやラジオ・TV などメディア出演を経験。
2019 年夏よりインスタグラム @maho_english を立ち上げ、現在フォロワー数 9.30 万人（2023 年 2 月時点）。2020 年より独自のオンライン英語クラブ maho shadowing club を開設。オープンから 10 時間で 400 名の入部を記録し、これまでに延べ 3,000 名以上の生徒数を誇る。YouTube チャンネル「maho english」では、シンガーの maho だからできる " 洋楽英語レッスン " を配信中。ポップに楽しく、きめ細やかに発音の仕方や歌い方を教えており、再生回数 50 万回を超えるなど YouTuber 並みの人気を博している。

サクッと書けてネイティブっぽい
インスタ英語日記

ブックデザイン
柴田ユウスケ、吉本穂花(soda design)

イラスト
水沢石鹸

編集協力
田中玲、melrose co.

DTP
株式会社四国写研

印刷所
株式会社リーブルテック

「インスタ」および「インスタグラム」は
登録商標です。